# Wer lebte wo in Hamburg

von Christiane Kruse

*Hamburg-Rotherbaum, Hallerstraße 74. Hier wohnte 44 Jahre lang die Schauspielerin und Theaterintendantin Ida Ehre*

# INHALT

*Hamburg-Blankenese, schönste Lage mit Blick auf die Elbe*

„Wie ist es möglich, dass Hamburg nicht selber Deutschlands Hauptstadt wurde?“, fragte einst der prominente Theaterkritiker Alfred Kerr. Es sei „die schönste Großstadt in Deutschland“.

Als Handels- und Hafenstadt mit internationalem Schiffsverkehr steht Hamburg bis heute für Reichtum und Noblesse, weltläufiges Flair und selbstbewusstes Bürgertum – auch wenn Heinrich Heine die Stadt boshaft als „verludertes Kaufmannsnest“ bezeichnete, Hans Erich Nossack sie für ‚kunstfeindlich' hielt und Detlev von Liliencron verbittert von der „unermesslich reichen, eisigen [...] allerersten Gesellschaft Hamburgs“ sprach.

Trotz zahlreicher Abrisse – das Geburtshaus des berühmten Tierparkgründers Carl Hagenbeck fiel erst 2004 einem Neubau zum Opfer – und katastrophaler Zerstörungen durch alliierte Bombenangriffe während des Zweiten Weltkriegs sind viele Adressen prominenter Hamburger, die das gesellschaftliche Klima der Stadt einst prägten, noch immer erhalten.

In einer breit gefächerten Auswahl von 60 Kurzbiografien werden die interessantesten Persönlichkeiten mit ihren einstigen Wohn- und Wirkungsstätten vorgestellt: Kaufleute und Reeder, Politiker und Journalisten, Künstler und Schriftsteller, Architekten und Schauspieler – von Hans Albers bis Siegfried Wedells.

Das Buch führt zu Bürgerhäusern und Stadtvillen in den gediegenen Wohnbezirken rund um die Außenalster, darunter die des Reeders Albert Ballin im Stadtteil Rotherbaum und des Unternehmers und Entwicklers der „Nivea-Creme“ Oscar Troplowitz in Winterhude. Es begleitet in die Altonaer Palmaille, die der dänische Architekt Christian Frederik Hansen als klassizistische Prachtstraße und Wohnsitz vermögender Bankiers und Kaufleute ausbaute, zur einer Windmühlenkate im ländlichen Stadtteil Reitbrook, in der der spätere Direktor der Hamburger Kunsthalle Alfred Lichtwark geboren wurde, zum Elternhaus des berühmten Seeschriftstellers Gorch Fock auf der Elbinsel Finkenwerder und schließlich an die legendäre Elbchaussee, eine der ‚ersten Adressen' der Stadt, an der seit 1780 die luxuriösen Sommersitze der Hamburger Oberschicht entstanden.

Dabei vermittelt das Buch eine informative und unterhaltsame kleine Kultur- und Baugeschichte Hamburgs – vom frühen 18. Jahrhundert bis in die Gegenwart.

*Hamburgs City: Der Blick geht über die Binnenalster zum Jungfernstieg, Rathausturm (rechts) und zur Nikolaikirche (links)*

*Der Hafen ist seit jeher die Lebensader Hamburgs. Ihm verdankt die Stadt ihren wirtschaftlichen Reichtum und die faszinierende Weltoffenheit. Hier die Werft Blohm + Voss*

**Schauspieler** (geb. 1891 Hamburg – gest. 1960 Kempfenhausen/heute zu Berg, Kreis Starnberg)

**Hamburg-St. Georg, Lange Reihe 71**

Eine Schauspielerkarriere war eigentlich nicht vorgesehen. Als Sohn eines Schlachtermeisters sollte Hans Albers Kaufmann werden und mit seinem Bruder später das Geschäft des Vaters übernehmen. Er begann eine Lehre in einem Farben- und Chemikaliengeschäft und wurde zur weiteren Ausbildung in eine Seidenhandlung nach Frankfurt/Main geschickt. Die Entfernung zum Elternhaus nutzte er, um heimlich Schauspielunterricht zu nehmen. Erst nach mehreren Engagements an verschiedenen deutschen Bühnen kehrte er 1913 nach Hamburg zurück und erhielt kleinere Rollen am Altonaer Schiller-Theater und am Thalia-Theater.

Nach dem Ersten Weltkrieg setzte Albers seine Laufbahn in Berlin fort, wo er mit allabendlichen Revueauftritten und mehr als 100 Stummfilmrollen als Gauner, Bonvivant und Herzensbrecher zwar viel beschäftigt, jedoch nicht sonderlich erfolgreich war. Der berufliche Durchbruch kam erst mit dem frühen Tonfilm, u.a. als Rennfahrer Harry Bredow in „Die Nacht gehört uns" (1929).

Im NS-Unterhaltungsfilm wurde ‚der blonde Hans mit den strahlenden blauen Augen' als Abenteurer, kerniger Seemann und ‚Raubein mit Herz' zum unange-

*In dem Gründerzeithaus (rechts) wurde der Schauspieler als jüngstes von sechs Kindern des Schlachtermeisters Wilhelm Philipp Albers geboren*

fochtenen Publikumsliebling Nummer Eins. Unvergessen sind seine großen Rollen als „Münchhausen" im gleichnamigen Ufa-Film (1943) oder als alternder Seemann Hannes Kröger in Helmut Käutners „Große Freiheit Nr. 7" mit den legendären Albers-Songs „La Paloma" und „Auf der Reeperbahn nachts um halb eins" (1944).

*Hans Albers alias Seemann Hannes Kröger im Spielfilm „Große Freiheit Nr. 7", 1944*

Privat hielt Albers von Anfang an Distanz zum NS-Regime, zumal er mit der jüdischen Schauspielerin Hansi Burg (1898–1975) zusammenlebte, die bis zu ihrer Emigration nach England 1938 auch seine Managerin war. Nach eigenen Angaben blieb er selbst nur deshalb in Deutschland, da er für sich als Schauspieler ohne Fremdsprachenkenntnisse im Ausland keine beruflichen Chancen sah.

Albers war auch nach dem Zweiten Weltkrieg als Theater- und Filmschauspieler u.a. in dem Streifen „Das Herz von St. Pauli" (1957) populär. Die Zeit seiner größten Erfolge aber war vorbei. Mit Hansi Burg, die 1945 nach Deutschland zurückgekehrt war, lebte er in Berlin und in seiner Villa am Starnberger See. Nach Hamburg kam er nur zu Dreharbeiten, u.a. zu Außenaufnahmen für den Film „Auf der Reeperbahn nachts um halb eins". Stets bewohnte er dabei eine Suite im Nobelhotel „Atlantic" an der Außenalster.

Albers, der im oberbayerischen Kempfenhausen starb, wurde auf eigenen Wunsch auf dem Prominenten-Friedhof in Hamburg-Ohlsdorf beigesetzt. Zehntausende nahmen dort von ihm Abschied.

„Er war gar nicht der Hoppla-Typ", sagte Hansi Burg nach seinem Tod. „Das war er nur im Film, der ihn in diese Rolle immer wieder reinpressen wollte." ■

# Albert BALLIN

**Reeder**
(geb. 1857 Hamburg – gest. 1918 Hamburg)

**Hamburg-Rotherbaum, Feldbrunnenstraße 5**

Albert Ballin gehörte zu den großen Unternehmerpersönlichkeiten der Wilhelminischen Zeit. Aus bescheidenen Verhältnissen stammend – er war das dreizehnte Kind eines einfachen jüdischen Auswandereragenten –, war ihm mit Geschäftssinn, Cleverness und Charme ein kometenhafter Aufstieg zum Generaldirektor der Hamburg-Amerika-Linie, der damals weltgrößten Reederei, gelungen.

Aufgewachsen am Baumwall 6 in der Hamburger Neustadt ließ er sich 1908/09 durch Werner Lundt & Georg Kallmorgen, den Architekten des Thalia-Theaters, die standesgemäße Villa im Nobelbezirk Rotherbaum errichten – wie sein 1903 entstandener Firmensitz, das heutige „Ballin-Haus" an der Binnenalster, ein stattlicher Bau aus Sandstein und Muschelkalk.

Gerade erst 17-jährig übernahm Ballin die Auswandereragentur seines Vaters, die für die großen Reedereien Passagiere anwarb. Die steigende Zahl von Auswanderern, darunter zahlreiche Juden, nutzte er geschickt, um das Unternehmen auszubauen. In Zusammenarbeit mit der Hamburger Reederei Edward Carr stellte er Anfang der 1880er-Jahre ein Drittel der Amerika-Passagen bereit. Nach Fusion des florierenden Unternehmens mit der HAPAG (Hamburgische-Paketfahrt-Actien-Gesellschaft, später Hamburg-Amerika-Linie) leitete Ballin zunächst die Passageabteilung, gehörte ab 1888 zum Vorstand und wurde 1899 Generaldirektor. Er ließ jetzt auch Luxus-Liner wie die Schiffe „Imperator", „Vaterland" und „Bismarck" (1914) bauen und veranstaltete die ersten Kreuzfahrten.

Sein Erfolg trug Ballin die ungewöhnliche Freundschaft zu Kaiser Wilhelm II. ein, der die antisemitischen Ressentiments seiner Zeit zwar teilte, aber auch ein begeisterter Flottenliebhaber war. Er wollte Ballin angeblich sogar zum Minister und 1909 zum Reichskanzler ernennen – ein Amt, auf das er als Jude im deutschen Kaiserreich trotz seines hohen gesellschaftlichen Status wohl kaum eine Chance gehabt hätte.

*Albert Ballin*

Politische Verwicklungen schadeten dem großen Reeder nachhaltig. Seine diplomatischen Vermittlungsversuche, die er während des Ersten Weltkriegs aufgrund seiner engen Geschäftskontakte besonders zu England unternommen hatte, scheiterten und ließen ihn als „unpatriotisch" gelten.

Am 9. November 1918, dem Tag als die Republik ausgerufen wurde, starb Ballin in einer Hamburger Klinik, nachdem er in seiner Villa am Vortag eine Überdosis Schlafmittel genommen hatte – verzweifelt über den Zusammenbruch der Monarchie und seine durch den Krieg fast ruinierte Reederei. Er hinterließ seine Frau Marianne, geb. Rauert (1854–1936), die aus einer christlichen Hamburger Familie stammte, und seine Adoptivtochter Irmgard.

Ballins Grab befindet sich auf dem Friedhof Ohlsdorf. ■

*Ballins Villa wurde in Hamburg auch „Klein Potsdam" genannt, da Kaiser Wilhelm II. ihn hier mehrmals besuchte*

# Ernst **BARLACH**

**Bildhauer, Grafiker, Schriftsteller** (geb. 1870 Wedel/Schleswig-Holstein – gest. 1938 Rostock)

**Wedel/ Schleswig-Holstein, Mühlenstraße 1**

Ernst Barlach wurde als Sohn eines Landarztes in der kleinen Stadt Wedel, die an den westlichen Hamburger Stadtteil Rissen grenzt, geboren. Sein Elternhaus in der Mühlenstraße, heute eine stark befahrene Verkehrsachse, war damals noch ein idyllisches Fleckchen mit Bäumen und Kopfsteinpflaster.

Die Familie verließ Wedel bereits zwei Jahre nach Barlachs Geburt, um nach Schönberg in Mecklenburg zu ziehen. Barlach, der später u.a. an der Hamburger Kunstgewerbeschule studierte – er wohnte damals am Lornsenplatz 14 in Altona – kehrte 1901 wieder in seine Geburtsstadt zurück und unterhielt bis 1904 ein Atelier in der Pinneberger Straße 4.

Der künstlerische Einzelgänger Barlach zählt zu den bedeutendsten figürlichen Bildhauern des 20. Jahrhunderts in Deutschland. In vereinfachend-expressiver Form stellte er Bauern und Alte, Außenseiter („Bettler auf Krücken") und Menschen in bewegenden Gemütsverfassungen dar („Der Zweifler"). Außer seiner Künstlerkollegin Käthe Kollwitz hat dabei wohl kaum ein Bildhauer sei-

*In dem klassizistischen Bürgerhaus wurde Barlach am 2. Januar 1870 geboren. Seit 1987 befindet sich hier das Wedeler Ernst-Barlach-Museum*

ner Zeit Plastiken von ähnlich intensivem Gefühlsausdruck geschaffen. Wegen ihrer oft nahezu religiösen Inbrunst wurde er auch als „Geistesverwandter mittelalterlicher Holzbildhauer“ bezeichnet.

*Selbstbildnis (Kohlezeichnung, 1928)*

Gleichermaßen erfolgreich war Barlach als Schriftsteller. Er schrieb Erzählungen und Dramen, die er oft mit eigenen Holzschnitten und Lithografien illustrierte. Seine Stücke „Der arme Vetter“ (1919) und „Die echten Sedemunds“ (1920) wurden an den Hamburger Kammerspielen uraufgeführt.

Viele seiner Skulpturen, Zeichnungen und fast das gesamte druckgrafische Oeuvre sind heute im 1962 durch Werner Kallmorgen erbauten und von Barlach-Sammler und -Förderer Hermann F. Reemtsma gestifteten Barlach-Museum im Hamburger Jenischpark zu sehen. Neben dem Ernst-Barlach-Museum in Güstrow, seinem langjährigen späteren Wohnsitz, ist es die umfangreichste Sammlung seiner Werke.

Das Hamburger Museum für Kunst und Gewerbe zeigt Barlach-Keramik, die in Zusammenarbeit mit der Keramikwerkstatt Mutz in Altona entstand. Die Hamburger Kunsthalle, aus der während der NS-Zeit, wie aus allen deutschen Museen, sämtliche Barlach-Werke entfernt wurden, präsentiert heute lediglich drei seiner Arbeiten: Die Holzplastiken „Der Einsame“ (1911), „Mann im Stock“ (1918) sowie ein Reliefbildnis >> Justus Brinckmanns.

Auch das Barlach-Museum Wedel besitzt nur wenige Skulpturen des Künstlers, jedoch zahlreiche Grafiken, Briefe, Manuskripte und Erstausgaben seiner Bücher sowie eine Fotodokumentation über das Leben des großen Bildhauers.

Am Ehrenmal für die Gefallenen des Ersten Weltkriegs auf dem Hamburger Rathausmarkt wurde sein Relief „Mutter mit Kind“, das von den Nazis einst entfernt worden war, in einer rekonstruierten Fassung wieder angebracht. ■

**Kaufmann, Bankier** (geb. 1768 Altona – gest. 1865 Altona/heute zu Hamburg)

**Hamburg-Altona, Palmaille 49**

„Er und Donner [Conrad Hinrich Donner] waren die reichsten Leute dieser Stadt", erinnerte sich Julie Grüner, die Enkelin von Georg Friedrich Baur.

Er war ein Sohn des Kaufmanns und Altonaer Bürgermeisters Johann Hinrich Baur, dessen Geschäft er mit seinem Bruder Johann Heinrich unter dem Namen „J.H. & G.F. Baur" weiterführte. Sein Vermögen nutzte Baur, dem ein „angeborener Geschmack und Kunstsinn" nachgesagt wurde, gern zur Errichtung nobler Wohnhäuser.

*Georg Friedrich Baur (Gemälde von Anton Hickel, 1797)*

Sein Stadthaus ließ er im damals angesagten Stil ‚um 1800' errichten: Außen von vornehmer Schlichtheit, innen mit hellen Farben und filigranen Ornamenten, Antikenfiguren und zierlichen Möbeln (heute z.T. im Hamburger Museum Jenischhaus).

Um auch die Umgebung seines Anwesens mitzugestalten, kaufte Baur später die angrenzenden Grundstücke hinzu und ließ dort 1824/25 durch Johann Matthias Hansen, dem Neffen von » Christian Frederik Hansen, zehn weitere Häuser errichten; die Nrn. 53–65 sind noch vorhanden. Sie wurden von einigen seiner elf Kinder bewohnt, die er mit seiner Frau Marianne (1781–1851), der Tochter des Hamburger Senators Johann Arnold Heise, hatte.

*Die zur Elbe gelegene Gartenseite des Stadthauses, das um 1801–05 von » Christian Frederik Hansen für Baur errichtet wurde – ein hervorragendes Beispiel klassizistischer Architektur im damals noch dänischen Altona*

Baur gehörte auch das im heutigen Baurs Park in Blankenese gelegene Landhaus Katharinenhof (1829–1836), ebenfalls ein Werk des jüngeren Hansen.

Auf dem Christianskirchhof in Hamburg-Ottensen ist Baur begraben. ■

**Werftbesitzer**
(geb. 1887 Hamburg – gest. 1963 Travemünde)

**Hamburg-Alsterdorf, Bebelallee 141**

Blohm + Voss ist die einzige Hamburger Großwerft, die bis heute existiert. Hermann Blohm hatte sie mit Ernst Voss 1877 auf Steinwerder gegründet, sein Sohn Walther Blohm trat 1918 in das Unternehmen ein. Er war als Ingenieur für die Produktion zuständig, während sein Bruder Rudolf die Firma nach außen hin repräsentierte.

Unter ihrer Ägide, insbesondere während der NS-Zeit, liefen prominente Schiffe vom Stapel, darunter das Segelschulschiff „Gorch Fock“ (1933), das Schlachtschiff „Bismarck“ sowie die Passagierdampfer „Cap Arcona“ und „Wilhelm Gustloff“. Beide erlangten traurige Berühmtheit, als sie 1945 mit Tausenden von Flüchtlingen und ehemaligen KZ-Insassen an Bord torpediert wurden.

Die Werft wurde nach dem Zweiten Weltkrieg demontiert, konnte jedoch bereits ab 1951 wieder aufgebaut werden – unter maßgeblicher Beteiligung von Walther Blohm, der damals bereits im Pensionsalter war. Erst 1958 schied er aus dem Vorstand aus.

*Walther Blohm*

Mit Ehefrau Annemarie und den vier gemeinsamen Kindern führte Blohm zeitlebens ein zurückgezogenes Familienleben, auf große Gesellschaften legte er keinen Wert – weshalb seine Alsterdorfer Villa mehr einem gediegenen Einfamilienhaus als einer repräsentativen Unternehmer-Villa entspricht.

Blohms Grab befindet sich auf dem Hamburger Friedhof Ohlsdorf. ■

*Blohms Villa aus den Jahren 1922/23 – ein Werk der Architekten Erich Elingius & Gottfried Schramm, die auch zahlreiche Hamburger Kontorhäuser errichteten. Im Dachgeschoss lebte nach dem Zweiten Weltkrieg der Schauspieler Willi Fritsch*

**Schriftsteller, Schauspieler** (geb. 1921 Hamburg – gest. 1947 Basel)

**Hamburg-Eppendorf, Tarpenbekstraße 82**

„Ich möchte ein Leuchtturm sein/in Sturm und Wind/für Dorsch und Stind/und jedes Boot/und bin doch selbst/ein Schiff in Not!" Diese Verse von Wolfgang Borchert klingen wie ein Leitsatz seines eigenen kurzen Lebens.

Als einziges Kind des Volksschullehrers Fritz Borchert (1890–1959) und der niederdeutschen Schriftstellerin Hertha Borchert, geborene Salchow (1895–1985), wuchs er zunächst unbeschwert in der gutbürgerlichen Eppendorfer Tarpenbekstraße auf.

Nachdem ein Nachbar die Borcherts denunziert hatte – u.a. weil sie die Hakenkreuzfahne nicht hissen würden –, zogen sie 1937 in die Dorotheenstraße 190 im Stadtteil Barmbek. 1940 mieteten sie eine Wohnung in der Carl-Cohn-Straße 80 in Alsterdorf.

Während sich die Eltern dem NS-Regime künftig nach außen hin anpassten, befand sich der junge Borchert wegen „unerwünschter Gedichte" und „Äußerungen gegen Staat und Partei" bald im Visier der Gestapo und

*In einer kleinen Wohnung im dritten Stock des Eckhauses wurde Borchert am 21. Mai 1921 geboren*

wurde 1940 sogar kurzzeitig verhaftet.

Er verließ die Schule ohne Abitur, begann eine Buchhändlerlehre, nahm Schauspielunterricht und war von Anfang April bis zu seiner Einberufung zur Wehrmacht im Juni 1941 Mitglied einer kleinen Bühne in Lüneburg – eine Zeit, die er später als die glücklichste seines Lebens bezeichnete. Kampfeinsätze an der Ostfront, Lazarettaufenthalte und mehrmonatige Haftstrafen, u.a. wegen angeblicher Selbstverstümmelung und einer unter Kameraden vorgetragenen Goebbels-Parodie, bestimmten die folgenden Jahre.

*Wolfgang Borchert*

1945 nach Hamburg zurückgekehrt, spielte Borchert für kurze Zeit wieder Theater und gründete „Die Komödie", eine Altonaer Hinterhofbühne. Aufgrund eines schweren Leberleidens, hervorgerufen durch anhaltende Mangelernährung, war er jedoch schon bald bettlägerig.

In den zwei Jahren, die ihm noch blieben, schuf er fast sein gesamtes literarisches Werk, vor allem Kurzgeschichten, die in einer expressiven, direkten Sprache von Krieg, Haft und Zerstörung erzählen. Schlagartig berühmt wurde Borchert mit seinem Drama „Draußen vor der Tür": der ergreifende Monolog eines deutschen Kriegsheimkehrers, der zu Hause nicht mehr Fuß fassen kann – bis heute *der* Klassiker deutscher „Trümmerliteratur". Mit überwältigendem Erfolg wurde das Stück im Februar 1947 vom NWDR als Hörspiel gebracht und bald auch von anderen Sendern ausgestrahlt. Die Bühneninszenierung seines Erfolgsdramas erlebte Borchert nicht mehr. Es wurde am 21. November 1947 an den Hamburger Kammerspielen uraufgeführt – einen Tag nach seinem Tod.

Borchert, der 27-jährig in einem Schweizer Sanatorium gestorben war, wurde in einem Urnengrab auf dem Friedhof Ohlsdorf beigesetzt; neben ihm ruhen heute seine Eltern. In der Hamburger Staats- und Universitätsbibliothek befindet sich das Wolfgang-Borchert-Archiv. ■

# Max BRAUER

**Glasbläser, SPD-Politiker, Hamburger Bürgermeister** (geb. 1887 Ottensen/ heute zu Hamburg – gest. 1973 Hamburg)

**Hamburg-St. Georg, An der Alster 65**

Mehrfach lenkte Max Brauer die Geschicke Altonas und Hamburgs: Ab 1919 war er Zweiter und ab 1924 Erster Bürgermeister von Altona – bis er 1933 vor den Nationalsozialisten aus Deutschland fliehen musste. Nach seiner Rückkehr aus dem New Yorker Exil war er von 1946 bis 1953 und erneut von 1957 bis 1960 Erster Bürgermeister von Hamburg.

Im Altona der 1920er-Jahre, damals noch eine selbstständige Stadt, machte er mit einem engagierten Konjunkturprogramm gegen die anhaltende dramatische Wirtschaftskrise von sich reden: Reiche Elbgemeinden wurden eingegliedert, Industrieanlagen angesiedelt und Neubauten gefördert. Zahlreiche Wohnblocks im Stil des Neuen Bauens, errichtet durch den Architekten Gustav Oelsner, erinnern bis heute an Brauers Hamburger ‚Neues Altona'.

*Max Brauer (Gemälde von Oskar Kokoschka, 1951, Hamburger Kunsthalle). Zu dem umstrittenen Porträt sagte Brauer: „[...] Vielleicht sehe ich nicht so aus wie Kokoschka mich malte, aber ich bin es!"*

Nach dem Zweiten Weltkrieg hatte Brauer noch massivere Probleme zu bewältigen: die Neuorganisation zivilen Lebens vom Wohnungsbau bis zur Schiffbarmachung des Hafens. Dabei verstand er es stets, den Optimismus der Bevölkerung zu stärken – sicher, weil er als Sohn eines Altonaer Glasbläsers aus einfachen Verhältnissen stammte: „[...] Arbeitslosigkeit, Wohnungselend, alles was die breiten Schichten unserer Bevölkerung bedrückt", sagte Brauer, „ist mir bekannt."

Mit seiner Frau Erna, geb. Pehmöller, ruht er auf dem Altonaer Hauptfriedhof. ■

*Im sechsten Stock des Neubaus mit Blick über die Außenalster lebte Brauer nach seiner Pensionierung bis 1972*

**Jurist, Direktor des Hamburger Museums für Kunst und Gewerbe** (geb. 1843 Hamburg – gest. 1915 Bergedorf/heute zu Hamburg)

**Hamburg-Bergedorf, Reinbeker Weg 56**

Justus Brinckmann, promovierter Anwalt aus wohlhabender Familie, war der Initiator und Gründer des Hamburger Museums für Kunst- und Gewerbe und, nach Eröffnung des Museumsgebäudes am Steintorplatz im Jahr 1877, fast 40 Jahre dessen Direktor.

Mit sicherem Gespür – damals gab es auf zahlreichen Gebieten kaum Fachliteratur – erwarb er nach und nach eine erstklassige Kunstgewerbesammlung, die mittelalterliche Elfenbeinschnitzereien, venezianische Gläser, osmanische Bucheinbände, indonesischen Schmuck und modernes Jugendstilinterieur umfasste. Seine Japan-Sammlung, u.a. bestehend aus Keramiken, Lackarbeiten und Holzschnitten, war eine der besten Europas. Brinckmann gilt außerdem als Bewahrer der Vierländer Volkskunst: „[...] früher, als irgendwo sonst die ‚Volkskunst' von Museen beachtet wurde“, bemerkte sein Freund >> Alfred Lichtwark, „hat er die Goldschmiedearbeiten, Stickereien, Trachten, Möbel und Vertäfelungen der niederelbischen Bauernkultur gesammelt.“

*Justus Brinckmann, um 1910*

Brinckmann, der aus drei Ehen elf Kinder hatte, lebte seit 1901 in Bergedorf, zuletzt mit seiner fast zwanzig Jahre jüngeren dritten Frau, der dänischen Malerin Henriette Hahn (1862–1934).

Seine Pläne, hier ein Volkskunst-Museum zu gründen, konnte er nicht mehr verwirklichen. ■

*Brinckmanns letzter Wohnsitz*

# Gerd BUCERIUS

**Zeitungsverleger, Politiker, Jurist** (geb. 1906 Hamm/ Westfalen – gest. 1995 Hamburg)

**Hamburg-Winterhude, Leinpfad 19**

Mit Henri Nannen, » Axel Cäsar Springer und Rudolf Augstein gehörte Gerd Bucerius zu den großen Zeitungsverlegern der Bundesrepublik Deutschland. Sein Name ist bis heute untrennbar mit der Wochenzeitung „Die Zeit" verbunden. Dieses „Flagschiff der liberalen deutschen Publizistik" bezeichnete er als seine „Lebensarbeit".

Bucerius, der 1922 nach Hamburg gekommen war, Jura studiert und ab 1933 in der Altonaer Rechtsanwaltskanzlei seines Vaters gearbeitet hatte, erhielt 1946 die Lizenz zur Herausgabe der „Zeit". 1949 wurde er auch Verleger des „Stern".

*Gerd Bucerius*

Ein Hauptanliegen seiner verlegerischen Arbeit war die kritische Stellungnahme zu gesellschaftspolitischen Themen: „Vor 1933 hatten wir [...] die Politik und die Presse bequem anderen überlassen. So kam Hitler. Und so etwas sollte uns [...] nicht noch einmal passieren."

Seit 1949 saß er als CDU-Mitglied auch im Bonner Bundestag, bis er sein Mandat wegen des Skandals um den „Stern"-Artikel „Brennt in der Hölle wirklich ein Feuer?", eine Kritik an der katholischen Kirche, 1962 niederlegte.

Bevor Bucerius seine Wohnung im Leinpfad bezog, bewohnte er sein 1950 verkauftes Haus in der Preusserstraße 3 in Hamburg-Othmarschen und, nach der Rückkehr aus Bonn, ein inzwischen abgerissenes Haus in der Warburgstraße im Stadtteil Rotherbaum.

Sein Grab liegt in der Familiengruft in Reinbek bei Hamburg. ■

*Bucerius bewohnte von 1969 bis zu seinem Tod die Parterrewohnung, zeitweise mit seiner Lebensgefährtin Hilde von Lang*

**Psychiater, Neurologe** (geb. 1897 Weinheim – gest. 1976 Hamburg)

**Hamburg-Eppendorf, Heilwigstraße 25**

Hans Bürger-Prinz war einer der prominentesten deutschen Psychiater des 20. Jahrhunderts. Bekannt wurde er als psychiatrischer Gutachter bei von großer Medienpräsenz begleiteten Strafprozessen sowie durch seine Memoiren, in denen er bemerkenswerte Krankheitsfälle schildert („Ein Psychiater berichtet", 1971).

*Der Hamburger Psychiater und Klinikleiter Hans Bürger-Prinz*

Nach Hamburg kam Bürger-Prinz 1936 – zuvor war er Oberarzt in Leipzig gewesen –, „um eine neue, modernen Ansprüchen genügende psychiatrische Universitätsklinik aufzubauen". Bis 1968 leitete er die Psychiatrische und Nervenklinik des Universitätskrankenhauses Hamburg-Eppendorf. Von 1941 bis Februar 1945 war er auch Dekan der Medizinischen Fakultät und von 1937 bis 1965 Professor an der Universität Hamburg.

Seiner Prominenz und geschickten Selbstdarstellung verdankt es Bürger-Prinz, dass seine Rolle bei der Tötung psychisch Kranker im Dritten Reich nie gänzlich geklärt wurde und er seine Karriere bald nach 1945 unbeschadet fortsetzen konnte, obwohl er durchaus Ansätze der menschenverachtenden NS-Erblehre vertreten hatte („Die Persönlichkeit im Lichte der Erblehre", 1936).

*Die noble Stadtvilla (links) wurde 1895/96 nach Plänen der Hamburger Architekten Semper & Krutisch erbaut*

Bürger-Prinz, der gerne in Künstlerkreisen verkehrte, zählte u.a. den Regisseur Jürgen Fehling und Theaterintendant >> Gustaf Gründgens, dessen schwere Halsarthrose er mit schmerzstillenden Medikamenten behandelte, zu seinen Hamburger Patienten. ■

# Friedrich CHRYSANDER

**Musikwissenschaftler, Gärtner** (geb. 1826 Lübtheen/ Mecklenburg – gest. 1901 Bergedorf/ heute zu Hamburg)

**Hamburg-Bergedorf, Chrysanderstraße 88a/88b**

Friedrich Chrysander, aus ärmlichen Verhältnissen stammend, brachte es als Autodidakt zu einem der bedeutendsten Musikwissenschaftler seiner Zeit.

Nach einer pädagogischen Ausbildung, die ihm wohlmeinende Lehrer ermöglicht hatten, unterrichtete er kurzzeitig an Mecklenburger Schulen, bevor er sich der Musikwissenschaft zuwandte, Kritiken und musikgeschichtliche Arbeiten verfasste und 1855 mit den Schriften „Über die Molltonart in den Volksgesängen" und „Über das Oratorium" promovierte.

1866 ließ er sich als freier Musikwissenschaftler in Bergedorf nieder. Er gründete Fachblätter wie die „Vierteljahresschrift für Musikwissenschaft" und gab ab 1869 die „Denkmäler der Tonkunst" heraus.

Chrysanders Lebenswerk aber ist die Wiederentdeckung und Erforschung der Musik von Georg Friedrich Händel (1685–1759). Zunächst gemeinsam mit dem Historiker Georg Gottfried Gervinus, mit dem er 1856 die Händelgesellschaft gegründet hatte, und nach dessen Tod im Jahr 1871 allein, erarbeitete Chrysander die Gesamtausgabe der Kompositionen Händels, die zuletzt 96 Bände umfasste. Sie war lange Zeit die maßgebliche Händeledition. Erst ab 1958 wurden die Werke des Barockkomponisten neu herausgegeben.

Chrysanders Händelwerk entstand großteils in seinem Bergedorfer Arbeitshaus (Nr. 88b), das er sich eigens neben seinem Wohnhaus (Nr. 88a) hatte erbauen lassen. Für seine Edition erhielt er zwar immer wieder finanzielle Hilfe durch Sponsoren, unter ihnen König Georg V. von Hannover sowie befreundete Musiker wie Johannes Brahms und Hans von Bülow, die Mittel reichten jedoch nicht aus. Denn Chrysander benötigte erhebliche Summen für den Ankauf von Quellenmaterial und Büchern sowie wiederholte Studienreisen nach London, wo Händel die längste Zeit seines Lebens verbracht hatte. Die Weiterarbeit war zeitweise nur unter persönlichen Opfern möglich: 1875 musste Chrysander einen Großteil seiner wertvollen Bibliothek an die Stadt Hamburg verkaufen (heute in der Staats- und Universitätsbibliothek).

*Der Musikwissenschaftler Friedrich Chrysander*

Um die Händelausgabe, aber auch den Familienunterhalt dauerhaft zu sichern – Chrysander war seit 1855 mit Elisabeth, geb. Borgmann (1830–1887), der Tochter eines früheren Lehrers, verheiratet und hatte vier Kinder –, unterhielt er auf seinem Bergedorfer Anwesen mit Erfolg eine Gärtnerei, deren Produkte sogar nach Berlin und Wien geliefert wurden.

Nachdem die Zusammenarbeit mit dem Musikverlag Breitkopf & Härtel gescheitert war, betrieb er auf seinem Grundstück auch eine eigene Notenstecherei und -druckerei. Der Hamburger Maler Arthur Illies, der Chrysander in Bergedorf porträtierte, beschreibt, wie auf den Heizröhren der Treibhäuser die frisch gedruckten Notenblätter trockneten. ■

*Blick auf Chrysanders ehemaliges Grundstück, das Platz für ein Wohnhaus, ein Arbeitshaus mit Bibliothek und eine Gärtnerei samt Treibhäusern bot. Hier lebte und arbeitete der Musikwissenschaftler von 1866 bis 1901*

**Frauenrechtlerin** (geb. 1870 Bingen am Rhein – gest. 1942 Hamburg)

**Hamburg-Blankenese, Richard-Dehmel-Straße 1, „Dehmel-Haus“**

Richard Dehmel, der 1895 längere Zeit in Altona verbracht hatte – er wohnte damals in der Palmaille bei seinem Freund >> Detlev von Liliencron –, ließ sich 1902 mit seiner Frau Ida, geborene Coblenz, geschiedene Auerbach, im noblen Hamburger Vorort Blankenese nieder. Es war ein Neubeginn, nachdem sie sich von ihren in Berlin lebenden Familien getrennt und 1901 – beide in zweiter Ehe – geheiratet hatten. Richard Dehmels Versroman „Zwei Menschen“ (1903) handelt von ihrer leidenschaftlichen Verbindung.

*Ida Dehmel*

Das Paar lebte zunächst in einer Wohnung Am Kiekeberg 22, bis es im März 1912 sein Blankeneser Haus beziehen konnte. Walther Baedeker (1880–1959), ein seinerzeit vor allem in den Hamburger Elbgemeinden gefragter Architekt, hatte es gemeinsam mit Richard Dehmel, der sich sehr für Architektur und Design interessierte, entworfen.

1911 wurde es auf Baedekers Kosten errichtet und den Dehmels vermietet. Am 18. November 1913, seinem 50. Geburtstag, bekam Richard Dehmel das Haus von Freunden

*Das Wohnhaus des einst legendären Künstlerpaares Ida und Richard Dehmel*

und Verehrern geschenkt, unter ihnen die Architekten Peter Behrens und Henry van de Velde, die Schriftstellerkollegen Stefan Zweig und Thomas Mann sowie der Hamburger Reeder >> Albert Ballin.

Kaum ein Jugendstil-Interieur ist heute so vollständig erhalten wie das des Dehmel-Hauses, darunter Einrichtungsgegenstände von Behrens und van de Velde sowie von Dehmel selbst entworfene Möbelstücke, die noch aus der Wohnung Am Kiekeberg stammen, wie die Einrichtung des Ess- und des Arbeitszimmers.

Der heute fast vergessene Richard Dehmel wurde seinerzeit als der größte Lyriker gefeiert, „den Deutschland seit Goethes Zeiten hervorgebracht hat". Nicht nur die nach heutigem Geschmack als schwülstig empfundene Sprache, sondern auch die damals gewagten Themen seiner Gedichte – Liebesextase, Sexualität und ein rauschhaftes Lebensgefühl – begeisterten seine Leser. Gleichzeitig wurden seine Verse von der Zensur beargwöhnt: Sein Gedicht „Venus Consolatrix" musste wegen „Verletzung religiöser und sittlicher Gefühle" aus dem Lyrikband „Weib und Welt" (1896) entfernt werden.

Richard Dehmel, der sich 1914 im Alter von 50 Jahren als Kriegsfreiwilliger gemeldet hatte, starb 1920 an den Folgen einer Venenentzündung, die er sich im Schützengraben zugezogen hatte.

Seine schöne und glamouröse Frau Ida betreute seinen Nachlass und bewahrte das Dehmel-Haus auch nach seinem Tod als gesellschaftlichen Salon. Bekannt war sie darüber hinaus als engagierte Frauenrechtlerin. Sie begründete u.a. 1916 den „Frauenbund zur Förderung deutscher bildender Kunst" und 1926 die Künstlerinnengemeinschaft „GEDOK" mit. Krank, vereinsamt und als Jüdin trotz ihrer Privilegien als prominente Dichterwitwe zunehmend gefährdet, nahm sie sich am 29. September 1942 in ihrem Haus das Leben. ■

**Schriftsteller**
(geb. 1863 Wendisch-Hermsdorf/ Brandenburg – gest. 1920 Blankenese/ heute zu Hamburg)

**Hamburg-Blankenese, Richard-Dehmel-Straße 1, „Dehmel-Haus"**

*Richard Dehmel (Gemälde von Max Liebermann, 1909, Hamburger Kunsthalle)*

**Journalistin, Herausgeberin** (geb. 1909 Schloss Friedrichstein/ Ostpreußen – gest. 2002 Schloss Crottorf bei Friesenhagen/Rheinland-Pfalz)

**Hamburg-Blankenese, Am Pumpenkamp 4**

„Bravo! Ein tolles Leben", soll der Postkartenverkäufer in ihrem langjährigen Ferienort Forio auf Ischia gerufen haben, als er vom Tod der 92-jährigen Marion Gräfin Dönhoff erfuhr.

Sie war eine der prominentesten deutschen Journalistinnen und über Jahrzehnte eine kritische Beobachterin bundesrepublikanischer Politik.

Bekannt wurde die promovierte Volkswirtin durch ihre Mitarbeit bei der Hamburger Wochenzeitung „Die Zeit", wo sie 1946 Redakteurin des Politik-Ressorts, 1968 Chefredakteurin und 1973 Herausgeberin wurde. An der Seite des „Zeit"-Verlegers >> Gerd Bucerius prägte sie das linksliberale Image des Blattes maßgebend mit. In eigenen Artikeln nahm sie regelmäßig zu gesellschaftspolitischen Themen Stellung. Sie kritisierte die restaurative Politik Adenauers, unterstützte später die Ostpolitik Willy Brandts, gründete 1988 selbst eine Stiftung für Völkerverständigung zwischen der Bundesrepublik Deutschland und Osteuropa und beanstandete den Ego-

*Vierzig Jahre lang Treffpunkt vieler Politiker und Intellektueller: das Haus von Marion Gräfin Dönhoff*

ismus der westlichen Gesellschaft. Ihre Forderung, dem Kapitalismus ethische Werte entgegenzusetzen, ist heute aktueller denn je („Zivilisiert den Kapitalismus. Grenzen der Freiheit", 1997).

Ihr Blankeneser Häuschen bewohnte die zeitlebens unverheiratete und kinderlose „rote Gräfin" seit 1961 mit Haushälterin und Hund zur Miete, bis es ihr Bucerius 1973, nach ihrem Abschied als Chefredakteurin, als Schenkung überließ. Die ebenso gediegene wie lebendige Atmosphäre des Hauses hat ihr Neffe Friedrich 2002 in seinem Buch „Die Welt ist so, wie man sie sieht. Erinnerungen an Marion Dönhoff" beschrieben. Hier lud sie viele Jahre zu „Dönhoffs Kaffeekränzchen" ein, um mit prominenten Gästen, darunter der Physiker Carl Friedrich von Weizsäcker und Ex-Bundeskanzler Helmut Schmidt, zu diskutieren.

*Marion Gräfin Dönhoff*

Privat hatte Dönhoff Schweres erlebt: 1944 hatte sie viele ihrer Freunde verloren – hingerichtet als Mitverschwörer des Hitler-Attentäters Oberst von Stauffenberg. In ihrem Buch „Um der Ehre willen. Erinnerungen an die Freunde vom 20. Juli", erwähnt sie, dass sie selbst im NS-Widerstand aktiv gewesen war. U.a. hatte sie im Bekanntenkreis geeignete Mitarbeiter für eine Nachkriegsordnung zu gewinnen versucht. Nur weil ihr Name in keiner der konfiszierten Unterlagen gestanden hatte, war sie damals einer Verhaftung entgangen.

Anfang 1945 war Dönhoff zu Pferd vor der vorrückenden Roten Armee aus ihrer ostpreußischen Heimat nahe Königsberg geflohen – ein Abschied für immer: Schloss Friedrichstein, seit Jahrhunderten Stammsitz ihrer Familie, auf dem sie als jüngste von sieben Geschwistern eine glückliche Kindheit verbracht hatte, brannte zwei Tage nach ihrer Flucht vollständig ab. Ihre ostpreußische Heimat (heute Kamenka/Russland), die sie zeitlebens vermisste, sah sie 1989 anlässlich eines Besuchs erstmals wieder. ■

**Schauspielerin, Regisseurin, Theaterleiterin** (geb. 1900 Prerau/ Tschechien – gest. 1989 Hamburg)

**Hamburg-Rotherbaum, Hallerstraße 74**

Im Dezember 1945 eröffnete Ida Ehre die Hamburger Kammerspiele in der Hartungstraße. Es war keine wirkliche Neugründung, sondern die Wiederbelebung eines Theaters, das der Schauspieler Erich Ziegel bereits seit 1918 an wechselnden Hamburger Adressen betrieben und als eine der progressivsten Spielstätten der Weimarer Republik etabliert hatte.

Mit den Kammerspielen, an denen sie bis zu ihrem Tod im Alter von 89 Jahren Intendantin, Regisseurin und Schauspielerin blieb, leistete Ehre einen bedeutenden Beitrag zum kulturellen Neubeginn der Bundesrepublik Deutschland. Loki Schmidt nannte sie eine „Symbolfigur für den Aufbruch in eine neue Zeit".

Engagiert und risikofreudig brachte sie, neben bewährten Klassikern, vor allem zeitgenössische Dramen von Jean-Paul Sartre, Thornton Wilder, Friedrich Dürrenmatt oder Walter Jens auf die Bühne – viele erstmals in

*In dem 1909 erbauten Haus lebte die Schauspielerin von 1945 bis zu ihrem Tod 1989 – nur wenige Gehminuten von ihrem Theater, den Hamburger Kammerspielen in der Hartungstraße, entfernt*

Deutschland inszeniert. Häufig spielte sie selbst die Hauptrollen, darunter die Titelfigur in Bertolt Brechts „Mutter Courage".

*Ida Ehre als Königin Elisabeth von England in Schillers „Maria Stuart", Hamburger Kammerspiele 1948*

Eine ihrer großen Bühnenentdeckungen war >> Wolfgang Borcherts Drama „Draußen vor der Tür", das in der Inszenierung von Wolfgang Liebeneiner am 21. November 1947 an den Kammerspielen uraufgeführt wurde – über die Nachkriegszeit hinaus das erfolgreichste deutsche Theaterstück überhaupt. Ida Ehre selbst war es, die den schwer kranken Autor hatte überreden können, es für das Theater umzuschreiben, nachdem sie sein Stück in einer Hörfassung im Radio kennen gelernt hatte.

Persönlich hatte Ehre schwere Zeiten hinter sich: Die jüdische Schauspielerin, zuvor an vielen deutschen Theatern engagiert, erhielt 1933 Auftrittsverbot und war nur durch ihre Ehe mit dem ‚arischen' Arzt Bernhard Heyde (1899–1978) vor der Deportation geschützt. Ein gescheiterter Emigrationsversuch hatte sie 1939 nach Hamburg geführt: Das Auswandererschiff, auf dem sie sich mit Mann und Tochter Ruth (später Mueller-Eisler, 1928–2006) auf dem Weg nach Chile befunden hatte, war bei Ausbruch des Zweiten Weltkriegs nach Deutschland zurückgekehrt und im Hamburger Hafen vor Anker gegangen. Die Familie kam nur durch, weil Bernhard Heyde den Lebensunterhalt durch Praxisvertretungen verdiente; erst nach Kriegsende konnte er eine eigene Praxis auf St. Pauli eröffnen.

Im Sommer 1943 saß Ida Ehre sogar einige Wochen im KZ Fuhlsbüttel – wegen einer Lappalie: Auf Drängen eines Kameramanns der „Wochenschau" hatte sie sich an einer Lebensmittelausgabe filmen lassen und damit „das deutsche Volk zum Besten gehalten", weil sie es als Jüdin gewagt hatte, vor eine deutsche Kamera zu treten. Nur durch den Einsatz ihres Mannes, der mit Reichsführer SS Heinrich Himmler zur Schule gegangen war, kam sie wieder frei.

Ehres Grab befindet sich auf dem Friedhof Ohlsdorf neben dem ihres Kollegen >> Gustaf Gründgens. ■

**Komiker, Schauspieler**
(geb. 1909 Riga – gest. 1979 Hamburg)

**Hamburg-Wellingsbüttel, Fasanenhain 9**

„Sie sind der einzige Deutsche, über den wir lachen können, ohne daß wir ein Wort verstehen." Selbst die britischen Besatzungssoldaten liebten Heinz Erhardt, dessen große Komiker-Karriere nach dem Zweiten Weltkrieg in Hamburg begann.
Er schrieb zunächst Sketche und Glossen für den Nordwestdeutschen Rundfunk und trat bei ‚bunten Abenden' und in Theater-Schwänken auf, wo er das Publikum mit seinem unnachahmlichen Vortragsstil begeisterte: einer Mischung aus Unbeholfenheit und Verlegenheit, kombiniert mit leisem, schelmischem Hintersinn: „Es waren charmante Sachen, aber ich brachte sie ganz trocken, fast böse. Da lachten die Leute."
Zum Markenzeichen wurde auch sein Wortwitz: „Meine Art ist es unter anderem, bestehende Redewendungen aus dem Alltag so zu verdrehen und neu zu kombinieren, dass daraus groteske Wirkungen entspringen: ‚Wer den Schaden hat, spottet jeder Beschreibung.'"
Ein weiterer Grund, warum Erhardt – durch seine Körperfülle und sein bieder wirkendes Auftreten schon rein äußerlich ein Repräsentant des bundesrepublikanischen

*Bürgerliche Idylle: Erhardts Backsteinhäuschen, das er von 1948 bis zu seinem Tod 1979 mit seiner Familie bewohnte*

Heinz Erhardt

Wirtschaftswunders – zum beliebtesten Komiker seiner Epoche wurde, waren die Themen seiner Sketche: die Welt des kleinen Mannes, seine täglichen Peinlichkeiten und Missgeschicke, mit denen sich breite Kreise der Bevölkerung identifizieren konnten.
Auch als Hauptdarsteller in zahlreichen Filmkomödien – in einem Zeitraum von fünfzehn Jahren spielte er in 39 Filmen mit – ist Erhardt unvergessen: Als verschrobener Junggeselle, gütiger Vater („Vater, Mutter und neun Kinder", 1958), hilfloser Witwer („Witwer mit fünf Töchtern", 1957) oder anarchistischer Finanzbuchhalter („Was ist denn bloß mit Willi los?", 1970). Viele seiner Filme erlangten Kultstatus und sind noch heute beliebte TV-Klassiker.
Sehr erfolgreich sind bis heute auch Erhardts Bücher mit Versen und kurzen Prosastücken: „Noch'n Gedicht" (1963), „Noch'n Buch – Schwänke aus heiterem Himmel" (1964), „Noch'n Heinz Erhardt" (1966) und „Das große Heinz-Erhardt-Buch" (1971).

Im Unterschied zu vielen Kollegen des Entertainment war er auch privat umgänglich. Gutmütig und ohne Starallüren verkörperte er das Idealbild des bürgerlichen Familienvaters, obwohl er für seine Familie – Erhardt war seit 1935 verheiratet und hatte drei Töchter und einen Sohn – nie viel Zeit erübrigen konnte: „Herr Erhardt, was tun Sie in Ihrer Freizeit? – „Ich bin beruflich tätig."
1971 erlitt Erhardt einen schweren Schlaganfall mit dauerhafter Beeinträchtigung des Sprachzentrums – das tragische Ende einer einzigartigen Laufbahn als Komiker, dessen Ausdrucksmittel die Sprache war.
Mit seiner Frau Gilda (1913–1987) ruht er auf dem Friedhof Ohlsdorf. ■

# Hubert **FICHTE**

**Schriftsteller**
(geb. 1935 Perleberg/ Brandenburg – gest. 1986 Hamburg)

**Hamburg-Othmarschen, Dürerstraße 9**

*Hubert Fichte*

Hubert Fichte wurde im brandenburgischen Perleberg geboren. Bereits wenige Wochen später zog seine ledige Mutter mit ihm zu ihren Eltern in das kleine Einfamilienhaus in der Julius-Vosseler-Straße 84 in Hamburg-Lokstedt, wo er aufwuchs.

Fichte führte eine bewegte Außenseiterexistenz, als ‚Halbjude' in der NS-Zeit, Kinderschauspieler an Hamburger Theatern, Landwirtschaftslehrling, Schafhirte in der Provence, Weltreisender und schließlich als bekennender Homosexueller und Lebensgefährte der 19 Jahre älteren Fotografin Leonore Mau (geb. 1916), die seinetwegen Mann und Kinder verlassen hatte.

Viele seiner Werke tragen autobiografische Züge, wobei Fichte mit seinen Schilderungen zugleich das Lebensgefühl der Hamburger Beat-Szene beschrieb. Sein wohl bekanntester Roman „Die Palette" (1968) ist das Porträt einer damaligen Szenekneipe in der Nähe des Hamburger Gänsemarkts.

Mit Leonore Mau unternahm er zwischen 1971 und 1984 Reisen nach Südamerika, Westafrika und in die Karibik, die er in Zeitschriftenreportagen und ‚ethnopoetischen' Büchern, darunter „Petersilie – Die afroamerikanischen Religionen" (1976/80), verarbeitete.

Fichte starb kurz vor seinem 51. Geburtstag – ob an Aids oder einer Krebserkrankung ist ungeklärt. Wie sein Mentor >> Hans Henny Jahnn liegt er auf dem Friedhof in Hamburg-Nienstedten begraben. ■

*In dem Reihenhaus links lebte der Schriftsteller von 1963 bis zu seinem Tod am 8. März 1986 mit seiner Lebensgefährtin Leonore Mau*

„Das letzte Haus auf dem Deich. Gorch Focks Elternhaus. Am schönsten Fleck von Finkenwärder liegt es [...] in unberührter Einsamkeit [...]“, schrieb die Autorin Aline Bußmann 1917 – eine Idylle, die seit der Ansiedlung von Industrieanlagen auf der Elbinsel völlig verschwunden ist.

Gorch Fock (eigentlich Johann Wilhelm Kinau), der der berühmteste deutsche Seeschriftsteller seiner Zeit wurde, verbrachte hier als ältester Sohn eines Hochseefischers seine Kindheit. Er wollte ebenfalls Fischer werden, war aber nicht seetauglich, absolvierte deshalb eine Kaufmannslehre und begann 1904 als Buchhalter bei der Hamburg-Amerika-Linie. Nebenher schrieb er hoch- und plattdeutsche Seemannsgeschichten, darunter der Roman „Seefahrt ist not!“ (1913), sein erfolgreichstes Werk. Mit seinen Büchern setzte er nicht nur dem Hamburger Fischer- und Seemannsmilieu, sondern auch Orten wie seiner Heimatinsel Finkenwerder, dem Hamburger Hafen und dem Altonaer Fischmarkt ein literarisches Denkmal.

Ab 1910 lebte der Schriftsteller in Hamburg-Hamm im Grevenweg 61 und anschließend – inzwischen verheiratet und Vater dreier Kinder – im Dobbelersweg 37 (beide Häuser zerstört).

Gorch Fock, der die Seefahrt romantisch verklärte, diente im Ersten Weltkrieg auf eigenen Wunsch in der Marine und fiel, erst 36-jährig, in der Seeschlacht am Skagerrak ■

**Schriftsteller**
(geb. 1880 Finkenwerder/ heute zu Hamburg – 1916 gefallen in der Seeschlacht am Skagerrak)

**Hamburg-Finkenwerder, Neßdeich 6**

*Gorch Fock als Marinesoldat der „SMS Wiesbaden“, 1916*

*Eines der wenigen Relikte des alten Finkenwerder: Das 1880 erbaute Fischerhaus, in dem der berühmte Seeschriftsteller ab 1892 seine Jugend verbrachte*

**Großkaufmann, Reeder**
(geb. 1742 Hamburg – gest. 1818 wahrscheinlich Hamburg)

**Hamburg-Nienstedten, Elbchaussee 499, „Hirschparkhaus"**

Nur sieben Hamburger Kaufleute sollen seinerzeit reicher gewesen sein als Johan Cesar IV. Godeffroy.

Er stammte aus einer eingewanderten Hugenottenfamilie, die in Hamburg einen fast unvergleichlichen ökonomischen Aufstieg erlebte, jedoch aufgrund ihres Glaubens lange in einer gesellschaftlichen Außenseiterposition ohne politischen Einfluss blieb, wenngleich sie mit den tonangebenden Hamburger Familien wie den Parishs, Sillems oder Sievekings verkehrte.

Sein Vermögen verdiente Godeffroy mit dem Handelsunternehmen Johann Cesar Godeffroy & Co. (später Godeffroy & Sohn), das er 1766 als 24-Jähriger gegründet hatte.

In einer Zeit, in der der internationale Seehandel zu boomen begann, exportierte er schlesisches und sächsisches Leinen in die spanischen Kolonien und importierte Zucker, Kaffee, Wein und Südfrüchte – die Erbschaft einer Südseeplantage und der Aufbau einer eigenen Reederei war dabei von großem Vorteil. Mit seinem Bruder Pierre (1749–1822), der ebenfalls im Kolonialwarenhandel sehr erfolgreich war, gehörte Godeffroy zu den Ersten, die eine eigene Handelsflotte nach Übersee schickten.

*Johan Cesar IV. Godeffroy*

Geschäftssinn zeigte er auch in der Wahl seiner Ehefrauen. Seine erste Frau Marie Emilie Boué stammte aus einer vermögenden, ebenfalls hugenottischen Kaufmannsfamilie. Als sie nach 9-jähriger kinderloser Ehe starb, heiratete er 1779 die zwanzig Jahre jüngere Antoinette Magdalena Matthiessen (gest. 1818), die Tochter des Kaufmanns Hieronymus Matthiessen (Matthiessen, Sillem & Co).

Godeffroy setzte auch als Bauherr Maßstäbe: Als standesgemäße Ergänzung seines Wohn- und Kontorhauses am Alten Wandrahm (zerstört, heute Gelände der Speicherstadt) ließ er sich 1789–92 als einer der ersten Hamburger Bürger einen

Landsitz an der Elbchaussee erbauen. Das schlicht-elegante Landhaus im damals hochmodernen klassizistischen Stil war seinerzeit eine Attraktion. Dem jungen, damals noch unbekannten Architekten » Christian Frederik Hansen brachte es viele weitere Aufträge ein, darunter Pierre Godeffroys „Weißes Haus“ in der Elbchaussee 547. „Es sind Paläste“, berichteten die „Gemeinnützigen Unterhaltungsblätter“ 1807, „denen unter den Residenzschlössern der kleinen deutschen Fürsten wenige zu vergleichen sind.“

Der dazugehörige Landschaftsgarten im englischen Stil, samt einer kleinen Landwirtschaft hinter dem Kavaliershaus – dem späteren Wohnhaus des Schriftstellers » Hans Henny Jahnn –, wurde schon damals als einer der schönsten Parks in der Umgebung Hamburgs in Reiseführern erwähnt und durfte gegen ein Trinkgeld an den Gärtner von Touristen betreten werden. Noch heute gehört der ehemalige Godeffroysche Besitz, seit 1927 als „Hirschpark“ öffentlich zugänglich, zu den Sehenswürdigkeiten der Hansestadt. ■

*Die Elbseite des ehemaligen Godeffroyschen Landhauses, das heute als Tanzschule genutzt wird*

**Schauspieler, Regisseur, Intendant** (geb. 1899 Düsseldorf – gest. 1963 Manila/ Philippinen)

**Hamburg-Harvestehude, Oberstraße 125**

„Ganz Hamburg stand unter seinem Zauber. [...] Welche Virtuosität der Dialogführung, der Mimik, der Gebärde! Sein Repertoire umfasste alle Typen und Altersstufen. [...] Gustaf war brillant, witzig, blasiert, mondän. [...] Gustaf war düster und dämonisch, [...] müde und dekadent. Gustaf war von überströmender Lebendigkeit [...].“ So beschrieb der Schriftsteller Klaus Mann den jungen Schauspieler Gustaf Gründgens.

Von 1923 bis 1928 war Gründgens an den damals noch am Besenbinderhof gelegenen Hamburger Kammerspielen engagiert – eine Zeit, die er rückblickend als seine „glücklichsten Theaterjahre“ bezeichnete. Er feierte dort erste Erfolge, u.a. mit „Leonce und Lena“ von Georg Büchner und „Der Snob“ von Carl Sternheim, wobei er neben der Inszenierung oft auch eine der Hauptrollen übernahm.

Auch gesellschaftlich konnte sich Gründgens etablieren: 1926 heiratete er Erika Mann, die älteste Tochter des Erfolgsschriftstellers Thomas Mann. Die Ehe wurde jedoch bereits 1929 wieder geschieden. Erikas Bruder Klaus, dessen Stücke „Anja und Esther“ und „Revue zu Vieren“ Gründgens an den Kammerspielen mit beiden als Schauspielern aufgeführt hatte, unterstellte seinem

*Die Stadtvilla aus dem 19. Jahrhundert bewohnten Gründgens und seine damalige Frau Erika Mann in den 1920er-Jahren*

einstigen Schwager später in seinem umstrittenen Roman „Mephisto", die Schwester nur aus Berechnung geheiratet zu haben.

Ende der 1920er-Jahre ging Gründgens nach Berlin, um dort ab 1933 als NS-Staatsschauspieler und Generalintendant der Staatlichen Schauspiele ganz große Karriere zu machen. Mit seiner zweiten Frau, der Schauspielerin Marianne Hoppe, gehörte er zur Kulturelite des Dritten Reichs.

Gustaf Gründgens (Szenenbild)

Schon bald entnazifiziert – Gründgens hatte seine einflussreiche Stellung wiederholt genutzt, um verfolgten Kollegen zu helfen, die sich jetzt für ihn einsetzten –, kehrte er im Herbst 1955 als Generalintendant des Deutschen Schauspielhauses nach Hamburg zurück – fast ein Vierteljahrhundert nach seinen Anfängen an den dortigen Kammerspielen.

Mit Klassikerinszenierungen, Uraufführungen (u.a. „Thomas Chatterton" von >> Hans Henny Jahnn, 1956) und großen Hauptrollen, darunter der „Mephisto" in Goethes „Faust", seine „Lebensrolle", mit der er 1932/33 am Berliner Staatstheater berühmt geworden war, konnte er zwar zunächst an alte Erfolge anknüpfen, war aber wegen seiner werktreuen, wenig experimentierfreudigen Auslegung der Stücke bald umstritten.

Gründgens, der seine Theaterarbeit seit langem nur noch mit Medikamenten und Beruhigungsmitteln hatte durchstehen können, gab seine Hamburger Intendanz 1963 auf, um mit seinem Lebenspartner und Adoptivsohn Peter Gorski (geb. 1921) eine Weltreise anzutreten. In Manila starb Gründgens überraschend an einer Überdosis Schlafmittel – ob Unfall oder Suizid wurde nie geklärt.

Sein Urnengrab befindet sich auf dem Friedhof in Hamburg-Ohlsdorf. ■

**Schauspielerin**
(geb. 1942 Hamburg – gest. 2007 Hamburg)

**Hamburg-Harvestehude, Nonnenstieg 26**

„Fräulein Hildegard" im „Nudelsketch", „Frau Hoppenstedt" mit dem ‚Jodeldiplom', die kurzsichtige Sekretärin „Renate Dinkel" – als langjährige Partnerin des genialen Fernseh-Humoristen Vicco von Bülow, alias Loriot, ist Evelyn Hamann unvergessen.

Obwohl er für eine Sketch-Serie eine ‚blonde, rundliche Hausfrau' gesucht hatte, engagierte Loriot 1976 die schlanke und brünette Hamann – so sehr überzeugte ihn ihr hanseatisch-trockener, todernst vorgebrachter Humor, der ihr Markenzeichen wurde.

Hamann stammte aus einer Musikerfamilie, die Mutter war Sängerin, ihr Vater Geiger und Konzertmeister des NDR-Sinfonieorchesters. Nach einem Studium an der Hamburger Schauspielschule spielte sie am Hamburger Thalia Theater sowie an anderen deutschen Bühnen u.a. die „Marthe Schwerdtlein" in Goethes „Faust" und „die Alte" in Ionescos Farce „Die Stühle". In späteren Jahren gewann sie als Star in TV-Unterhaltungsfilmen wie „Adelheid und ihre Mörder" zahlreiche Fans.

*Evelyn Hamann, mit Loriot auf dem berühmten Sofa (1989)*

Hamann, die in ihren Rollen aufging („Die Inszenierung von Humor erfordert Strenge, Kunstfertigkeit und Disziplin."), gewährte kaum Einblicke in ihr Privatleben. Sie war nach einer gescheiterten Ehe mit dem Schauspieler Stefan Behrens liiert und starb am 28. Oktober 2007 für die Öffentlichkeit vollkommen überraschend an Krebs. Ihr Grab liegt auf dem Alten Friedhof in Hamburg-Niendorf. ■

*Die Schauspielerin lebte zurückgezogen im Dachgeschoss des Neubaus (Mitte) im noblen Stadtteil Harvestehude*

*Christian Frederik Hansen (Gemälde seines Landsmannes Conrad Christian August Böhndel, 1812/13, Kunstakademie Kopenhagen)*

**Architekt** (geb. 1756 Kopenhagen – gest. 1845 Kopenhagen)

**Hamburg-Altona, Palmaille 116**

Der dänische Architekt Christian Frederik Hansen, 1785 als Landbaumeister in das damals zu Dänemark gehörende Altona berufen, galt als „Wiederhersteller des guten Geschmacks der Baukunst in Hamburg“. Seine Gebäude zählen heute zu den bedeutendsten Hamburger Baudenkmalen und darüber hinaus zu den herausragendsten Werken des Klassizismus in Europa.

Sein eigenes Wohnhaus in der Palmaille 116 verkörpert den Idealtypus klassizistischen Stils: ein schlichter Baublock, dessen Wirkung mit dem Rundenbogenportal im Erdgeschoss, dem von einem großen Dreiecksgiebel bekrönten Fenster im Hauptgeschoss und dem Viereckfenster unter dem flachen Dach auf geometrischen Grundformen basiert. Mit acht weiteren Bauten, darunter die Stadthäuser für >> Georg Friedrich Baur und den Bankier Salomon Dehn (Hausnr. 112), prägte Hansen die bauliche Gestaltung der Palmaille. Architektonische Highlights sind auch seine Landhäuser an der Elbchaussee: das „Hirschparkhaus“ für >> Johan Cesar IV. Godeffroy und das „Weiße Haus“ für dessen Bruder Pierre.

*„Des Künstlers eigenes Wohnhaus in Altona“ – 1803/04 von ihm selbst erbaut. 1972 kaufte es der Architekt >> Cäsar Pinnau, der es nach Hansens Originalplänen rekonstruierte*

Mit seiner Frau Margarethe, geb. Rahbeck (1773–1811), und den drei gemeinsamen Töchtern lebte Hansen bereits ab 1804 wieder hauptsächlich in Kopenhagen, wo er bis ins hohe Alter von 88 Jahren als Oberbaudirektor, Architekturprofessor und Direktor der Kunstakademie tätig war. ■

# Johann Adolf **HASSE**

**Komponist, Sänger**
(geb. 1699 Bergedorf/ heute zu Hamburg – gest. 1783 Venedig)

**Hamburg-Bergedorf, Alte Holstenstraße 79**

*Die Hasse-Büste vor seinem Geburtshaus*

Der heute nahezu vergessene Komponist Johann Adolf Hasse stammte aus einer norddeutschen Organistenfamilie. Großvater und Vater waren Organisten an der Bergedorfer St. Petri und Pauli-Kirche, und auch sein Bruder Johann Peter folgte später in das Organistenamt.

Hasse verließ als 20-Jähriger seine Heimatstadt, um nach einer kurzen Gesangslaufbahn eine erfolgreiche Karriere als Opernkomponist zu machen. Ausgebildet in Venedig und bei Alessandro Scarlatti in Neapel schrieb Hasse mehr als 60 Opern, überwiegend „Opere serie", d.h. ‚ernste' italienische Opern, und zählte bald zu den bevorzugten Komponisten der großen europäischen Höfe.

Mit seiner Frau, der bekannten venezianischen Mezzo-Sopranistin Faustina Bordoni (1700–1781), lebte er in Dresden, wo er 34 Jahre lang „Königlich Polnischer und Kurfürstlich-Sächsischer-Kapellmeister" der Hofoper war, und später in Venedig und Wien.

Die „Opera seria", als deren bedeutendster Vertreter er galt, kam allerdings bereits zu Hasses Lebzeiten aus der Mode. Seine letzte Oper „Il Ruggiero" (1771), die er im Auftrag der österreichischen Kaiserin Maria Theresia verfasst hatte, stand bereits im Schatten von Mozarts „Serenata teatrale" „Ascanio in Alba", die einen Tag nach Hasses Werk uraufgeführt wurde. Sie „[...] hat die Oper von Hasse so niedergeschlagen", schrieb Mozarts Vater Leopold, „dass ich es nicht beschreiben kann." ■

*Das Geburtshaus des Komponisten, direkt neben der Kirche St. Petri und Pauli gelegen, wurde 1630 für den damaligen Organisten der Kirche erbaut und ist heute Sitz der Hasse-Gesellschaft. Der turmartige Anbau stammt aus dem Jahr 1838*

Ivo Hauptmann, ältester Sohn des berühmten Dramatikers Gerhart Hauptmann, hatte schon als Kind Verbindung zu Hamburg, da sein Onkel Georg, der Bruder seines Vaters, hier lebte.

Frisch verheiratet mit der Künstlerin Erica von Scheel (1881–1966) ließ er sich 1913 selbst hier nieder, zog 1919 nach Dresden und kehrte 1925 nach Hamburg zurück. Bevor er seine Eppendorfer Wohnung bezog, lebte er zunächst im Elbvorort Dockenhuden und an der Elbchaussee.

Hauptmann verkehrte mit tonangebenden Künstlern seiner Zeit, darunter Paul Signac und Edvard Munch, kam aber selbst nie zu großem Ruhm. Zu seinen anfangs dem französischen Pointillismus verwandten, später expressionistischen Werken gehören zahlreiche Hamburg-Motive („Strand bei Blankenese", 1925). Seine „Landschaft bei Agnetendorf" (1935) sowie die Porträts seiner Mutter und seines Freundes und Künstlerkollegen Hans Arp (1905) hängen in der Hamburger Kunsthalle; weitere Werke besitzt das Altonaer Museum.

Vom Verkauf seiner Bilder konnte Hauptmann nicht leben. Er arbeitete zeitweise als Kaufmann in einer Kohlenhandlung, von 1945 bis 1952 war er Lehrer an der Landeskunstschule Hamburg. In seinen Erinnerungen deutet er an, dass sein vermögender Vater ihm zwar die Türen zur internationalen Kulturelite öffnete, ihn aber finanziell kaum unterstützte. ■

**Maler**
(geb. 1886 Erkner bei Berlin – gest. 1973 Hamburg)

**Hamburg-Eppendorf, Gustav-Leo-Straße 4**

*Selbstbildnis als junger Mann (Pastell, 1901). Das Bild hing viele Jahre im Arbeitszimmer seines Vaters Gerhart Hauptmann*

*In der Wohnanlage Kellinghusenpark, 1926–28 von den prominenten Hamburger Architekten Hans & Oskar Gerson in typischer Hamburger Backsteinbauweise errichtet, lebte Hauptmann mit seiner Familie seit 1939*

# Salomon HEINE

**Bankier**
(geb. 1767 Hannover – gest. 1844 Hamburg)

**Hamburg-Ottensen, Elbchaussee 31**

Bankier, Mäzen, Philanthrop und bekennender Jude – das war Salomon Heine. Als „reicher Onkel" des Dichters Heinrich Heine (1797–1856), den er zeitlebens zwar finanziell unterstützte, für dessen Schriften er aber wenig Verständnis aufbrachte, ist er heute überdies eine Figur der Literaturgeschichte.

Mit nur „einem paar Lederhosen und mit sechzehn Groschen in der Tasche", wie er später gern erzählte, kam Salomon Heine 17-jährig nach Hamburg und fand eine Anstellung im Bankhaus Popert, das seinem Großvater mütterlicherseits gehörte. 1797 gründete er mit seinem Freund Marcus Abraham Heckscher die eigene Bank Heckscher & Co. – bald ein Bankinstitut von europäischem Rang, in dem sein Neffe Heinrich 1816 ohne jegliches Engagement für den Bankberuf eine Ausbildung begann.

Sein Vermögen nutzte Salomon Heine vielfach zu sozialem Engagement: 1839 stiftete er das Israelitische Krankenhaus in der Simon-von-Utrecht-Straße – zum

*Letztes Relikt seines einstigen Landsitzes: Das klassizistische Gartenhaus, das Salomon Heine 1832 hatte errichten lassen (heute Außenstelle des Altonaer Museums)*

*Salomon Heine (Stich von T. Kühner)*

Andenken an seine verstorbene Frau Betty, geb. Goldschmidt (1777–1837), mit der er zwei Söhne und vier Töchter hatte. Nach dem verheerenden Stadtbrand im Jahr 1842 spendete er große Summen für den Wiederaufbau, darunter den der Kirchen St. Nikolai und St. Petri. Sein Stadthaus am Jungfernstieg 34 hatte er sprengen lassen, um eine Ausweitung des Brandes zu verhindern.

Stets half er diskret („Was ich tue, geschieht mit vollem Herzen, ohne Dank dafür haben zu wollen.") und ohne gleichberechtigter Mitbürger zu sein, denn Hamburger Juden erhielten erst 1859/60 das Bürgerrecht – sechzehn Jahre nach Salomon Heines Tod.

Obwohl er sich zeitlebens nicht taufen ließ, war „Hamburgs Rothschild" für die zumeist christliche Oberschicht durchaus salonfähig. Für „diplomatisches Federvieh, Millionäre, hochweise Senatoren etc. etc.", so sein Neffe Heinrich ironisch, gab er große Gesellschaften, entweder in seinem Stadtpalais oder auf seinem ausgedehnten Sommersitz an der Elbe, den er 1808 von dem englischen Kaufmann John Blacker erworben hatte. Das Landhaus ist als „Affrontenburg" aus dem gleichnamigen Gedicht von Heinrich Heine in die Literaturgeschichte eingegangen. In ihm beschreibt der Dichter, dass er sich im Kreis der erlesenen Gäste nicht nur deplatziert fühlte, sondern sich auch unglücklich in seine Cousine Amalie, die Tochter Salomon Heines, verliebte.

Während das Landhaus 1880 abgerissen wurde, ist das Grundstück als „Heine Park" teilweise erhalten; direkt an der Elbchaussee steht das einstige Gartenhaus. Noch vorhanden ist auch die benachbarte Villa Nr. 31a, die Salomon Heine 1834 für eine seiner Töchter hatte erbauen lassen.

Sein Grab – Tausende hatten einst Heines Trauerzug begleitet – wurde nach der Zerstörung des Jüdischen Friedhofs in Ottensen auf den Jüdischen Friedhof in Hamburg-Ohlsdorf umgebettet. ■

**Architekt**
(geb. 1877
Bekenreihe/
heute zu
Kiebitzreihe
bei Elmshorn
– gest. 1949
Bad Segeberg)

**Hamburg-Langenhorn, Langenhorner Chaussee 109**

*Fritz Höger in Zimmermannstracht*

Das Rappolt-Haus und das Klöpperhaus (1912/13, heute Kaufhof Mönckebergstraße), der Sprinkenhof (1927–43 mit Hans & Oskar Gerson) und das berühmte Chilehaus (1921–24): Mit zahlreichen Geschäfts- und Kontorhäusern, unter ihnen weit über die Stadt hinaus bekannte Ikonen expressionistischer Backsteinarchitektur, prägt Fritz Höger bis heute das Bild der Hamburger City.

Höger, gelernter Maurer und Zimmermann, nach kurzer Anstellung im Hamburger Architekturbüro Lundt & Kallmorgen, seit 1907 als selbstständiger Architekt tätig, vermarktete sich erfolgreich als „norddeutscher Backsteinbaumeister", wenngleich er seine Verwaltungsgebäude, Fabriken und Kirchen, Wohnsiedlungen und Privatvillen, auch deutschlandweit errichtete.

Seine eigenen Wohnhäuser hingegen entsprachen nicht dem typischen Höger-Stil: Die Langenhorner Villa, 1905, nach seiner Heirat errichtet, ist ein für ihre Zeit charakteristischer Bau mit Landhaus- und Jugendstilelementen. Sein zweites, ab 1912 bewohntes Hamburger Haus in der Magdalenenstraße 70 im Stadtbezirk Rotherbaum, war kein eigenes Werk, sondern ein für seine Bedürfnisse umgebautes spätklassizistisches Reihenhaus. Wie sein Büro am Klostertor wurde es 1943 bei einem Bombenangriff zerstört.

Höger lebte und arbeitete seitdem wieder in seinem Elternhaus in Bekenreihe bei Elmshorn nahe Hamburg. ■

*Am nördlichen Rand Hamburgs gelegen: Högers erstes eigenes Wohnhaus. Er lebte hier von 1905 bis 1911*

Im Gegensatz zu seinem prominenten älteren Bruder >> Fritz Höger ist der Architekt Hermann Höger heute zu Unrecht kaum noch bekannt und stand wohl schon zu Lebzeiten in dessen Schatten.

Mit einem Darlehen seines Bruders konnte er die Hamburger Baugewerbeschule besuchen und war von 1910 bis 1912 in dessen Atelier angestellt, bis er sich im Stadtteil St. Georg, Lange Reihe 29, ein eigenes Architekturbüro einrichtete.

Neben dem Bau privater Einfamilienhäuser war Hermann Höger in den 1920er- und 1930er-Jahren vor allem an der Errichtung großer Hamburger Wohnsiedlungen beteiligt, darunter die Großsiedlung Barmbek-Nord (1927–39, mit Karl Schneider), die Gartenstadt Alsterdorf (ab 1935) sowie die für Hafenarbeiter geschaffene Wohnsiedlung Veddel (1926–31; 1950–52 wieder aufgebaut).

Das Gesundheitsamt am Besenbinderhof 41 in St. Georg, einer seiner ersten großen Aufträge (1925/26; 1950 wieder aufgebaut), sowie sein eigenes Wohnhaus im noblen Stadtteil Alsterdorf zeigen sich als Musterbeispiele expressionistischer Klinkerarchitektur, die auch das ‚Markenzeichen' seines Bruders war. ■

**Architekt**
(geb. 1882 Bekenreihe/heute zu Kibitzreihe bei Elmshorn – gest. 1950 Hamburg)

**Hamburg-Alsterdorf, Brabandstraße 1–2**

*Staffelgiebel, Spitzbögen und Terrakottaschmuck: Hermann Högers 1926/27 erbautes, zur Hälfte von ihm selbst bewohntes Doppelhaus ist eines der markantesten Beispiele expressionistischer Wohnhausarchitektur in Hamburg*

**Schriftsteller, Orgelbauer** (geb. 1894 Stellingen/ heute zu Hamburg – gest. 1959 Hamburg)

**Hamburg-Nienstedten, Elbchaussee 499a**

Als Bisexueller, Sektengründer, ‚Hormonforscher' und Umweltschützer war Hans Henny Jahnn zeitlebens ein Außenseiter. Seine anspruchsvollen, schwer zu lesenden literarischen Werke, darunter die Roman-Trilogie „Fluß ohne Ufer", werden bis heute fast ausschließlich in Fachkreisen gewürdigt.

Durchaus anerkannt jedoch war Jahnn seinerzeit als Orgelexperte. Zu den vielen, von ihm erbauten und restaurierten Orgeln gehören die barocke Arp-Schnitger-Orgel in der Hamburger Jacobi-Kirche und die Orgel von St. Ansgar im Stadtteil Langenhorn.

*Jahnn-Büste an seinem ehemaligen Wohnhaus im Hirschpark*

Die Stadt Hamburg ernannte Jahnn 1931 sogar zum städtischen Orgelsachberater und überließ ihm als Orgelwerkstatt und Wohnhaus das große Kavaliershaus im Nienstedtener Hirschpark, das er bis zu seiner Emigration nach Bornholm 1934 und erneut nach seiner Rückkehr im Jahr 1950 nutzte.

Erhalten ist auch das Mietshaus am Heidberg 53 im Stadtteil Winterhude, in dem Jahnn ab 1929 gemeinsam mit Ehefrau Ellinor, Tochter Signe sowie seinem Jugendfreund und Geliebten Gottlieb Harms (1893–1931) und dessen Frau Sybille, einer Halbschwester Ellinors, wohnte. Jahnns Elternhaus in der Stellinger Högenstraße und seine frühere Wohnung in der Rothenbaumchaussee 187 sind inzwischen zerstört.

Mit seiner Frau und seinem Freund Harms ruht Jahnn auf dem Nienstedtener Friedhof in einem von ihm selbst entworfenen Grab. ■

*Das vermutlich um 1800 erbaute „Kavaliershaus im Hirschpark", das einst zum Sommersitz von >> Johan Cesar IV. Godeffroy gehörte, war Jahnns langjähriger Wohnsitz. Heute beherbergt es ein Café/ Restaurant*

**Maler, Grafiker** (geb. 1929 Hamburg – gest. 1995 Hamburg)

**Hamburg-Blankenese, Mühlenberger Weg 22**

Horst Janssen wurde zwar in Hamburg geboren, wuchs aber in Oldenburg auf und kehrte erst 1945 nach Hamburg zurück, als ihn seine Tante Anna-Johanne nach dem Tod seiner Mutter adoptierte.

Mit „Tantchen“ wohnte er in der Burchardstraße 16, nahe dem Chilehaus, und anschließend in einem Garagenhäuschen in der Warburgstraße im Stadtteil Rotherbaum. Später hatte er eine eigene Wohnung im Nebenhaus Nr. 33, das Mitte der 1960er-Jahre abgerissen wurde.

Janssen gehört zu den großen deutschen Zeichnern und Grafikern des 20. Jahrhunderts. Unbeeinflusst von aktuellen Kunstströmungen schuf er ein immens umfangreiches Werk an Zeichnungen, Druckgrafiken und Aquarellen, darunter Porträts, Grotesken, Landschaften und immer wieder detailgenaue Pflanzen- und Tierstudien: „Man muß beschreiben, nicht analysieren.“

Wenngleich auch als „Eklektizist“ und „ambitionöser Spätromantiker“ kritisiert, wurde er in den 1980er-Jahren durch Ausstellungen von Wien bis Tokio international bekannt.

In Hamburg galt Janssen, der mit vier Frauen vier Kinder hatte, als Original, war aber auch als unberechenbarer Exzentriker berüchtigt. Das Angebot einer Professur an der Hamburger Kunstschule, an der er von 1946 bis 1951 studiert hatte, lehnte er ab.

Die Hamburger Kunsthalle erinnert heute mit dem Janssen-Kabinett an den eigenwilligen Künstler. ■

*Eines seiner zahlreichen Selbstbildnisse: Ein Pastell aus dem Jahr 1971*

*Das ehemalige Kutscherhaus war seit Ende 1967 Janssens „Burg“, die er nur in Situationen verließ, „die mit Recht als Notfälle zu bezeichnen sind.“*

# Martin Johann **JENISCH d.J.**

**Kaufmann, Bankier, Senator** (geb. 1793 Hamburg – gest. 1857 Vevey/ Schweiz)

**Hamburg-Othmarschen, Baron-Voght-Straße 50, „Jenischhaus“**

Martin Johann Jenisch d.J. war der Sohn des Bankiers, Kaufmanns und Senators Martin Johann Jenisch d.Ä. (1760–1827), der bei seinem Tod der reichste Mann Hamburgs gewesen sein soll. Jenisch vergrößerte das von seinem Vater ererbte Vermögen u.a. durch geschickte Grundstückskäufe und wurde, die Familientradition fortsetzend, 1827 ebenfalls Senator. Lange Zeit war er auch Präses der Hamburger Baudeputation – ein Amt, das ihn besonders nach dem verheerenden Stadtbrand im Jahr 1842 stark in Anspruch nahm.

Privat war Jenisch ein großer Kunstliebhaber. Er sammelte v.a. zeitgenössische Gemälde, die er selbst in Auftrag gab oder auf Italienreisen kaufte.

Als Bauherr hinterließ er Hamburg eines der schönsten Werke klassizistischer Architektur: das über die Hansestadt hinaus berühmte, nach ihm benannte Jenischhaus auf dem weitläufigen Gelände des einstigen Mustergutes von » Caspar Reichsfreiherr von Voght, das heute als „Jenischpark“ öffentlich zugänglich ist.

Die Baupläne ließ Jenisch von Franz Gustav Forsmann (1795–1878), einem damals noch wenig bekannten

*Ideal eines klassizistischen Landhauses: das 1830–33 nach Plänen von Franz Gustav Forsmann und Karl Friedrich Schinkel erbaute Jenischhaus*

Architekten der Hamburger Bauverwaltung anfertigen, legte sie aber Karl Friedrich Schinkel in Berlin zur Begutachtung vor, seinerzeit preußischer Oberbaurat und einer der maßgebenden klassizistischen Architekten Deutschlands, mit dem Jenisch als Hamburger Bausenator in Verbindung stand.

Mit Schinkels Korrekturen, die in die Forsmann-Pläne eingearbeitet wurden, entstand ein vollkommenes klassizistisches Landhaus: Ein schlichter, wohl proportionierter weißer Baukörper, der durch Gesimsvorsprünge und goldene Schmuckgitter dezent akzentuiert wird. Auch innen entspricht das Jenischhaus mit filigranen weißen Stuckaturen sowie antikisierenden Skulpturen und Reliefs ganz dem distinguierten Geschmack des Klassizismus.

Durch seine Positionierung an höchster Stelle einer sanft zur Elbe abfallenden Rasenfläche wird nicht nur die architektonische Wirkung des noblen Baus betont; durch die bodentiefen Fenster des Hauses kann so auch ein schöner Panoramablick auf die Elbe und die gegenüberliegende Insel Finkenwerder genossen werden.

Das Jenischhaus war dennoch kein Landhaus im Sinne eines idyllischen Refugiums, sondern ein repräsentativer, auf die Einladung zahlreicher Besucher ausgerichteter Haushalt mit ‚Elbsalon', Musiksaal und zahlreichen Gästezimmern.

*Martin Johann Jenisch d.J. (Gemälde von Rudolf Lehmann, 1848, Jenischhaus, Hamburg) und seine Frau Fanny Henriette (Gemälde von Ferdinand Flor, 1845 , (ebd.)*

*Heute wird das Jenischhaus als Museum für Kunst und Kultur genutzt und zeigt auch Originalmöbel und Gemälde aus dem Besitz des Bauherrn*

Mit seiner Frau Fanny Henriette, geb. Roeck (1801–1881), mit der er seit 1820 kinderlos verheiratet war, bewohnte Jenisch außerdem ein großes Stadtpalais Große Bleichen 23 (1907 abgerissen). Beider Grab befindet sich im Familien-Mausoleum auf dem Hamburger Friedhof Ohlsdorf. ■

**Volksschauspielerin**
(geb. 1914 Hamburg – gest. 2010 Hamburg)

**Hamburg-Nienstedten, Langelohstraße 8**

„Für viele ist die Bezeichnung Volksschauspielerin etwas Abwertendes. Für mich ist es ein Prädikat [...]".

Heidi Kabel, bis heute die wohl prominenteste deutsche Volksschauspielerin, war über Jahrzehnte der Star des volkstümlichen Hamburger Ohnsorg-Theaters, das durch sie weit über die Grenzen der Hansestadt hinaus bekannt wurde und zeitweise Kultcharakter erreichte. In den 65 Jahren ihrer Bühnenkarriere verkörperte sie nahezu alle Typen und Charaktere des Volkstheaters – angefangen von der „Lüttdeern" als Jungdarstellerin bis zu ihren Glanzrollen als „Nachbarin" im Erfolgsstück „Tratsch op de Trepp", den Titelrollen in „Manda Voss ward 106" (1992) oder „Mudder Mews", eine ihrer wenigen tragischen Figuren. Häufig spielte sie an der Seite ihres Mannes Hans Mahler (1900–1970), der von 1949 bis zu seinem Tod Intendant des Ohnsorg-Theaters war, ihres langjährigen Bühnenpartners » Henry Vahl und ihrer Tochter Heidi Mahler.

In ganz Deutschland populär wurden Kabel und ihr Ensemble durch das Fernsehen; die Ohnsorg-Schwänke gehörten von 1954 bis weit in die 1970er-Jahre zu den beliebtesten bundesdeutschen Unterhaltungssendungen. Während im Theater plattdeutsch gesprochen wurde, verwendete man für die TV-Fassungen allerdings „Missingsch": Hochdeutsch mit plattdeutschen Einsprengseln.

Mit dem Stück „Allens echt, Fro Sperling?", in dem sie eine durchtriebene Antiquitätenhändlerin spielt, nahm sie zwar 1997 ihren Abschied vom Ohnsorg-Theater, ging aber mit „Mein ehrlicher Tag" bis Ende 1998 auf Tournee.

Kabel trat außerdem in TV-Serien auf und war seit Beginn ihrer Karriere auch Filmschauspielerin („Ein Mädchen geht an Land", 1938). Trotz ihrer 92 Jahre spielte sie 2007 noch eine Nebenrolle in Detlev Bucks Kinderfilm „Hände weg von Mississippi".

Heidi Kabel bei einer NDR-TV-Produktion, 1970

Heidi Kabel, die eigentlich Pianistin werden sollte, war 1932 durch Zufall zur Schauspielerei gekommen. Sie begleitete eine Schulfreundin zum Vorsprechen ins Ohnsorg-Theater und wurde selbst für die „Niederdeutsche Bühne" entdeckt.

Ihr diszipliniertes Stehvermögen bis ins hohe Alter verdankte sie sicher auch der strengen elterlichen Erziehung. Kabel stammte aus gutbürgerlicher Hamburger Familie, ihr Vater war Inhaber einer Druckerei.

Mit Hans Mahler, mit dem sie seit 1937 verheiratet war, und den gemeinsamen drei Kindern führte sie später selbst ein hanseatisch zurückgezogenes Familienleben. Nach den ersten Jahren in einer Wohnung in der Steinstraße 13 wohnte sie bis zum Einzug in ihr Nienstedtener Haus in der Schubertstraße im Stadtteil Bahrenfeld. Ihr Elternhaus stand an den Großen Bleichen 30 – gegenüber dem heutigen Ohnsorg-Theater.

Heidi Kabel ruht auf dem Nienstedtener Friedhof neben ihrem Mann. ■

Das Einfamilienhaus aus dem Jahr 1930 bewohnte Hamburgs beliebteste Volksschauspielerin von 1961 bis 2003

# Bertha KEYSER

**Armen-missionarin** (geb. 1868 Maroldsweisach/Bayern – gest. 1964 Hamburg)

**Hamburg-Neustadt, Bäckerbreitergang 7**

*Bertha Keyser*

„Was ihr getan habt einem unter diesen meiner Geringsten, das habt ihr mir getan." Dieses Bibelwort wurde die Lebensdevise von Bertha Keyser, als sie nach Tätigkeiten als Fabrikarbeiterin, Bäckereigehilfin, Haushaltshilfe und Gouvernante zur Missionstätigkeit gefunden hatte.

Ihr eigenes Missionswerk, das sie 1909 in Nürnberg gegründet hatte, begann Keyser ab 1913 in Hamburg neu aufzubauen. Über die Anfänge berichtet sie später: „Ich [...] ging ganz allein durch die Straßen. Über den Arm hatte ich mir ein paar Würste gehängt, und ein paar Brote trug ich unter den Armen. – So bewaffnet ging ich hinein in die Kneipen und Kellerwirtschaften. [...] mein Empfinden war, der Hungrige muß zuerst gesättigt werden, ehe man ihm das Wort Gottes bringen kann".

Keyser richtete Armenküchen und Obdachlosenunterkünfte ein, betreute Straßenkinder und Prostituierte. Während der Massenarbeitslosigkeit in den 1920er-Jahren eröffnete sie Feldküchen, u.a. auf der Reeperbahn und vor dem Michel.

Ihr Missionsheim „Fels des Heils" unterhielt sie, von den Anwohnern oft nicht wohlgelitten, an wechselnden Adressen, darunter am Alten Steinweg 25 und Lange Reihe 93, bis sie zuletzt an den Bäckerbreitergang am Rande des proletarischen Gängeviertels zog.

Auf dem Friedhof Ohlsdorf ist der „Engel von St. Pauli", wie sie in Hamburg genannt wurde, begraben. ■

*In der Ladenwohnung des rechten Hauses lebte und arbeitete die Missionarin bis zu ihrem Tod. Hier befand sich ihre letzte Armenküche*

**Schriftsteller, Maler**
(geb. 1893 Hamburg-Hohenfelde – gest. 1983 Fruthwilen/ Schweiz)

**Hamburg-St. Georg, Lange Reihe 91**

Der heute so gut wie vergessene Erfolgsautor Hans Leip wurde als Sohn eines Hafenarbeiters in Hamburg-Hohenfelde in der Freiligrathstraße 7 geboren (Haus zerstört) und wuchs in wechselnden Wohnungen in St. Georg auf, wo seine Eltern ein kleines Lebensmittelgeschäft betrieben. Impressionen aus seinem Stadtteil verarbeitete er 1923 in seinem ersten Roman „Der Pfuhl".

Ab 1921 bewohnte er eine Atelierwohnung im Geschäftshaus Neuer Wall 2/ Ecke Jungfernstieg (heute Neubau). Es gehörte dem Juwelier Carl Wilkens, für den Leip, gleichermaßen auch zeichnerisch begabt, damals als Werbegrafiker und Designer arbeitete.

*Hans Leip als junger Mann*

1931 war Leip literarisch bereits so erfolgreich, dass er sich mit seiner Familie ein Häuschen in der Blankeneser Süllbergsterrasse 37 leisten konnte. Seefahrts- und Piratengeschichten wie „Godekes Knecht" (1925) und der in Hamburgs berühmter Lotsensiedlung Övelgönne angesiedelte, für Kinder geschriebene Roman „Jan Himp und die kleine Brise" (1934) hatten ihn bekannt gemacht.

Weltberühmt wurde er mit seinem von Norbert Schultze vertonten und von Lale Andersen gesungenen Lied „Lili Marleen", das der Soldatensender Radio Belgrad während des Zweiten Weltkriegs allabendlich zu Programmende spielte. ■

*In der vierten Etage des Gründerzeithauses verbrachte Hans Leip, Texter des berühmten Liedes „Lili Marleen", von 1896 bis 1900 vier Jahre seiner Kindheit*

**Lehrerin, Gesellschafterin, Putzmacherin** (geb. 1804 Lenzen/Prignitz – gest. 1854 Hamburg)

**Hamburg-St. Georg, Lange Reihe 7**

Nichts würde heute an Elise Lensing erinnern, wenn ihr Leben nicht tragisch mit Friedrich Hebbel (1813–1863), einem der bedeutendsten deutschen Dramatiker des 19. Jahrhunderts, verbunden gewesen wäre.

Den neun Jahre jüngeren, damals noch gänzlich unbekannten und mittellosen Hebbel, der zur schulischen Weiterbildung für einige Zeit nach Hamburg gekommen war, lernte sie im Frühjahr 1835 kennen – als Untermieter in ihrer Wohnung am Stadtdeich 43, die sie gemeinsam mit Mutter und Stiefvater, einem Schiffbauer, bewohnte.

Obwohl Lensing nicht „die Erste an Schönheit und Jugend" war, wie Hebbel unfreundlich schrieb, wurden die beiden ein Paar. Als Gesellschafterin und Privatlehrerin selbst nicht gerade vermögend, unterstützte sie ihn finanziell, während seines Jurastudiums von 1836 bis 1839 in Heidelberg und München und auch nach seinem ersten literarischen Erfolg mit dem Drama „Judith", da

*Das letzte erhaltene Wohnhaus von Elise Lensing in dem sie von 1842 bis 1844, zeitweise mit dem Schriftsteller Friedrich Hebbel, lebte*

Hebbels Einnahmen auch jetzt nicht zum Leben ausreichten. Vor allem aber war sie ihm in der schwierigen Zeit der Selbstfindung seine „Retterin vor Verzweiflung“: „Du gewährtest mir in Hamburg, wo mich niemand verstand, Teilnahme, Anregung und Trost, Du standest mir zur Seite in meinen schlimmen Stunden und riefst meine schönsten [...] hervor.“

Als Hebbel nach abgebrochenem Studium nach Hamburg zurückkehrte, fand er wieder bei Lensing Unterschlupf – trotz seiner Weigerung, sie zu heiraten, seiner Affären mit anderen Frauen und dem Gerede der Nachbarn. Da Lensing etwas Geld geerbt hatte, lebten sie ab November 1842 im Haus Lange Reihe 7 in einer eigenen Wohnung – bis Hebbel im Herbst 1843 mit einem Stipendium des dänischen Königs Christian VIII. für zwei Jahre nach Paris, Rom und Neapel reiste.

Obwohl Hebbel mit Lensing inzwischen zwei Söhne hatte – beide starben noch als Kleinkinder – kam er diesmal nicht nach Hamburg zurück, sondern ging 1845 nach Wien, wo er überraschend die prominente Burgtheaterschauspielerin Christine Enghaus (1817–1910) heiratete und endlich den ersehnten literarischen und gesellschaftlichen Erfolg hatte.

Dass Lensing nicht isoliert in Hamburg zurückblieb, ist nur der Großherzigkeit von Hebbels Frau zu verdanken. Sie holte sie 1847, nach dem Tod ihres Sohnes Ernst, für ein Jahr in ihren Wiener Haushalt, gab ihr anschließend den eigenen vorehelichen Sohn Karl zur Erziehung mit nach Hamburg und besuchte sie mehrmals dort. „Du giebst mit Liebe und mit zartem Sinn, es drückt nicht von Dir zu nehmen“, schrieb Lensing dankbar an Enghaus nach Wien.

Lensing, die nie aufgehört hatte, Hebbel zu lieben, starb 50-jährig an einem Lungenleiden und wurde auf dem Kirchhof St. Georg bestattet. Als er für den Bau des Hamburger Hauptbahnhofs 1899 eingeebnet wurde, stiftete Enghaus ihr eine Grabstätte auf dem Ohlsdorfer Friedhof.

Ein Porträt Lensings ist nicht überliefert. ■

**Kunsthistoriker, Direktor der Hamburger Kunsthalle** (geb. 1852 Reitbrook/ heute zu Hamburg – gest. 1914 Hamburg)

**Hamburg-Reitbrook, Vorderdeich 9**

Alfred Lichtwark kam aus ärmlichen Verhältnissen. Dass er dennoch bis zum Direktor der Hamburger Kunsthalle und zu einer der einflussreichsten Persönlichkeiten im Kulturbetrieb seiner Zeit aufstieg, verdankte er eigenem Talent und dem Glück, gefördert zu werden.

Im idyllischen, abgelegenen Reitbrook verbrachte er die ersten acht Lebensjahre. Sein Vater betrieb die Windmühle am Vorderdeich, bis er sie wegen der wachsenden Konkurrenz von Großmühlen verkaufen musste. Er starb 1869, nachdem er sich erfolglos als Landwirt und Besitzer eines kleinen Gasthofs auf St. Pauli versucht hatte, und Lichtwark, ältester von sechs Geschwistern, musste von da an die Familie ernähren. Mit Unterstützung einiger Lehrer hatte er selbst Lehrer werden können und arbeitete zwischen 1867 und 1879 an verschiedenen Hamburger Schulen.

Seine außergewöhnliche Karriere als Kunsthistoriker verdankte Lichtwark >> Justus Brinckmann, dem Begründer des Hamburger Museums für Kunst und Gewerbe,

*Lichtwarks Geburtshaus: die ehemalige Müllerkate, die zur Reitbrooker Windmühle gehörte*

der seine Begabung erkannt und ermöglicht hatte, dass Lichtwark ab 1880 ohne Abitur in Leipzig und Berlin studieren konnte.

*Alfred Lichtwark (Gemälde von Leopold von Kalckreuth, 1912, Hamburger Kunsthalle)*

Als Direktor der Hamburger Kunsthalle, die er zwischen 1886 und 1914 zu einem der renommiertesten deutschen Museen umgestaltete, ist Lichtwark bis heute ein Begriff. Mit sicherem Gespür für Qualität erwarb er zahlreiche Gemälde, die noch heute zu den Highlights der Kunsthalle zählen: Meister Bertrams einstiger Hauptaltar der Hamburger St. Petri-Kirche (1379), Bilder des Romantikers Philipp Otto Runge und Werke des Impressionismus wie Liebermanns „Netzflickerinnen", Renoirs „Reiterin im Bois de Boulogne" und Monets „Birnen und Trauben" (1880).

Parallel begründete Lichtwark eine „Sammlung von Bildern aus Hamburg", für die namhafte Künstler der Moderne, darunter Lovis Corinth, Edouard Vuillard und Pierre Bonnard, sowie junge Hamburger Maler wie Arthur Illies Stadtansichten, Hafenmotive und Porträts prominenter Bürger malten – von den Hamburgern anfangs ablehnend als „Schreckenskammer" bezeichnet. Um Platz für die wachsende Sammlung zu schaffen, veranlasste Lichtwark den Erweiterungsbau der Kunsthalle, dessen Eröffnung 1919 er nicht mehr erlebte.

U.a. mit „Übungen in der Betrachtung von Kunstwerken" bemühte er sich gleichzeitig um die ästhetische Schulung von Laien. „Der hervorstechendste Zug seines Wesens", so ein Kollege, „war eine gewisse Neigung zur Lehrhaftigkeit".

Privat blieb Lichtwark ganz seiner Familie verbunden. Zeitlebens unverheiratet lebte er Am Feenteich 1 und in der Heinrich-Hertz-Straße 9 im Stadtteil Uhlenhorst mit seiner Mutter und zwei Geschwistern zusammen (Häuser nicht erhalten).

Sein von >> Fritz Schumacher entworfenes Grab liegt auf dem Ohlsdorfer Friedhof. ■

**Opernintendant, Komponist** (geb. 1910 Zürich – gest. 1999 Paris)

**Hamburg-Blankenese, Mühlenberger Weg 1**

„Die Stadt ist mir einfach ans Herz gewachsen", sagte der Weltbürger Rolf Liebermann über Hamburg. „Hier fühle ich mich zu Hause."

1957 wurde der gebürtige Züricher Leiter der Hauptabteilung Musik beim Hörfunk des NDR. Seine Übersiedlung nach Deutschland wurde unter Schweizer Freunden mit Verwunderung aufgenommen, da Liebermann, ein Großneffe des berühmten Malers Max Liebermann, jüdischer Herkunft war.

*Rolf Liebermann – Alt-Bundeskanzler Helmut Schmidt bezeichnete ihn als „großes Glück für Hamburg"*

Obwohl in Theaterarbeit unerfahren, wurde er auf Vorschlag von Bürgermeister » Max Brauer 1959 zum Intendanten der Hamburgischen Staatsoper in der Dammtorstraße berufen. Er blieb es 14 Jahre lang, bis zu seinem Wechsel nach Paris im Jahr 1973. Die Hamburger Ära nannte Liebermann später die glanzvollste Zeit seines Lebens.

Engagiert und ideenreich machte er die Hamburgische Staatsoper zu einem der international führenden Opernhäuser und verlieh dem Haus Weltstadtniveau, unter anderem, als er den berühmten Choreografen George Balanchine und den Tänzer Peter van Dyk nach Hamburg holte.

Ergänzend zum tradierten Klassik-Repertoire nahm Liebermann, der jeden Abend selbst im Zuschauerraum, Reihe 1, Platz 3, saß, verstärkt zeitgenössische Opern und Ballette ins Programm. In seiner Amtszeit brachte er 23 Uraufführungen, davon 21 Auftragswerke auf die Bühne, darunter die Literaturoper „Der Prinz von Homburg" von Hans Werner Henze mit einem Libretto von Ingeborg Bachmann nach dem Drama von Heinrich von Kleist (1960). Um Opern auch einem breiteren Publikum nahe zu bringen, beauftragte Liebermann außerdem Fernsehmitschnitte und produzierte dreizehn Opernfilme.

Von 1985 bis 1988 kehrte Liebermann nochmals in die Hamburger Opernintendanz zurück – als Krisenmanager, da sich das Haus in einer schwierigen künstlerischen und finanziellen Lage befand. Auch jetzt wagte er Neues und ließ unter anderem 1988 die Jazzoper „Cosmopolitan Greetings" aufführen (Texte: Allen Ginsberg, Musik: George Gruntz, Regie: Robert Wilson), für die er selbst Zwischenspiele für Streicher und Bongos verfasst hatte.

Liebermann, der erst nach Beendigung seiner 20-jährigen Intendantentätigkeit wieder Zeit zu längeren Kompositionen fand, schrieb Opern, Lieder, Konzerte und Kammermusik, wobei er auch hier mit ungewohnten Klängen experimentierte. Ein frühes Werk ist sein „Concert des échanges", eine knapp dreiminütige rhythmische Komposition für 156 Schreibmaschinen, die auf der Expo 1964 in Lausanne uraufgeführt wurde.

Die Hamburgische Staatsoper ehrte ihren großen Intendanten anlässlich seines 85. Geburtstags mit der Uraufführung seiner Oper „Freispruch für Medea". ■

*Das an der Elbe gelegene Blankeneser Landhaus bewohnte der Hamburger Opernintendant Mitte der 1980er-Jahre mit seiner Frau, der Journalistin Hèléne Vida-Liebermann*

# Detlev FREIHERR VON LILIENCRON

**Schriftsteller** (geb. 1844 Kiel – gest. 1909 Alt-Rahlstedt/ heute zu Hamburg)

**Hamburg-Altona, Palmaille 100**

„Kurzes Glück schwamm mit den Wolkenmassen/ Wollt es halten, mußt es schwimmen lassen." Dieser melancholische Vers aus seinem Gedicht „Märztag" umschreibt poetisch die Tragik des wechselvollen Lebens von Detlev Freiherr von Liliencron.

Liliencron, der einer verarmten Adelsfamilie entstammte („Das Tragikomischste auf Gottes Erdboden ist eine heruntergekommene adelige Familie."), litt zeitlebens unter materieller Not und drückenden Schulden – großenteils aus eigenem Unvermögen. Eine zunächst erfolgreiche Militärlaufbahn musste er 1875 wegen seiner Spielschulden aufgeben, und auch eine Anstellung im preußischen Verwaltungsdienst, wo er nacheinander als Landratsschreiber, Polizeianwärter und Hardesvogt im heutigen Schleswig-Holstein tätig war, scheiterte schließlich an seiner Schuldenlast. In seiner hoffnungslosen finanziellen Lage ließ sich Liliencron

*Hier, in dem zwischen 1788 und 1795 erbauten Haus, sowie in der Palmaille 5, lebte Liliencron von 1892 bis 1901*

1891 als freier Schriftsteller in Hamburg nieder, wo er zunächst im Stadtteil Ottensen an der Christianskirche und ab 1892 in der Altonaer Palmaille lebte. Auch hier rückte ihm der „Sturm der Gläubiger" zuleibe. Es habe „gräßliche Scenen im Hause" gegeben, schrieb Liliencron damals verzweifelt an einen Freund.

*Detlev von Liliencron mit seinem Sohn Wulff, 1904*

Mit wachsender literarischer Anerkennung begann sich seine Situation zu bessern: Freunde gründeten 1894 den Liliencron-Verein, um ihm die Tilgung seiner Schulden zu ermöglichen. Er erhielt finanzielle Unterstützung von Elisabeth Förster-Nietzsche aus Weimar und ab 1903 eine jährliche Pension von Kaiser Wilhelm II.

Mit seiner dritten Frau und den gemeinsamen beiden Söhnen – zwei frühere Ehen Liliencrons waren an den ständigen Geldsorgen gescheitert – begann schließlich eine ruhigere Lebensphase. Die Familie ließ sich 1901 im Hamburger Vorort Alt-Rahlstedt nieder, wo sie nacheinander in der Boytinstraße 11 sowie in der Rahlstedter Bahnhofstraße 11 und 39 lebte.

Trotz seiner weiterhin sehr bescheidenen finanziellen Lage – Liliencron musste auch im Alter immer wieder ausgedehnte Lesereisen unternehmen, um zusätzlich Geld zu verdienen – war er ein äußerst prominenter Schriftsteller. Ganz Deutschland feierte 1904 seinen 60. Geburtstag.

Liliencron war vor allem als Lyriker bekannt – seine Gedichte zählen zum literarischen Impressionismus –, schrieb aber auch Dramen, Novellen und Romane. Als sein Hauptwerk betrachtete er selbst sein Buch „Poggfred. Kunterbuntes Epos in zwölf Cantussen" (1879–96). Es handelt, so Kindlers Literatur Lexikon, von einem märchenhaften Schloss, „wo die Phantasie träumend all das erlebt, was die Wirklichkeit verweigert" – ein Thema, dass dem schöpferisch begabten, aber ziemlich realitätsfernen Liliencron durch und durch entsprach.

Der heute fast vergessene Schriftsteller ruht auf dem Friedhof in Hamburg-Rahlstedt. ■

**Komponist, Dirigent** (geb. 1860 Kalischt/ Böhmen, heute Tschechien – gest. 1911 Wien)

**Hamburg-Rotherbaum, Bundesstraße 10**

Es ist nur wenig bekannt, dass der große österreichische Komponist Gustav Mahler, den man fest mit Wien verbindet, von 1891 bis 1897 in Hamburg lebte. Gemeinsam mit seiner Schwester Justine (1868–1938), die ihm den Haushalt führte, hatte er hier nacheinander fünf Wohnungen: in der Fröbelstraße 14, Parkallee 12, Bismarckstraße 18 und 87 sowie in der Bundesstraße 10, die als einzige seiner Hamburger Adressen noch erhalten ist.

Anfang April 1891 trat Mahler seine Stelle als Erster Kapellmeister am Hamburger Stadttheater an. Zu dieser Zeit war er zwar noch kein bekannter Komponist, hatte aber nach Kapellmeisterstationen in Kassel, Prag, Leipzig und Budapest als Dirigent bereits Beachtung gefunden.

In Hamburg fand er ausgezeichnete Arbeitsbedingungen vor, denn Theaterdirektor Bernhard Pollini hatte fähige Interpreten an sein Haus geholt. 1895 engagierte er die junge Sopranistin Anna von Mildenburg (1872–1947), die später eine berühmte Wagner-Sängerin wurde. Sie war Mahlers bevorzugte Operninterpretin und bald auch seine Geliebte.

*1892/93 wohnte Mahler im dritten Stock des gediegenen Gründerzeit-Backsteinhauses*

*Gustav Mahler*

Für seine unerbittliche Strenge und Disziplin gefürchtet, brachte Mahler seine Musiker zu brillanten Aufführungen, die das Publikum begeisterten. Sein Repertoire reichte über Mozart und Beethoven bis zu Verdi, Puccini, Wagner und Tschaikowsky, dessen deutsche Erstaufführung des „Eugen Onegin" er in Anwesenheit des russischen Komponisten in Hamburg dirigierte.

Belastend jedoch war das enorme Arbeitspensum. Mahler, der neben Opern auch Konzerte leitete, dirigierte zeitweise fast täglich, auch weil er dringend auf die Einnahmen angewiesen war. 1889 waren seine Eltern gestorben, und er musste seine vier jüngeren, zum Teil noch unmündigen Geschwister versorgen: „Ich bin mürbe und sehne mich danach, nicht mehr so viel Geld verdienen zu müssen."

Obwohl ihm zum Komponieren nicht viel Zeit blieb – ausarbeiten konnte Mahler seine Stücke meist nur im Sommerurlaub am österreichischen Attersee – entstanden in der Hamburger Zeit einige seiner überragenden Werke: seine Sinfonie Nr. 3, viele seiner Orchesterlieder nach Texten aus der berühmten Volksliedsammlung „Des Knaben Wunderhorn" und vor allem die „Auferstehungssinfonie" Nr. 2 in C-Moll (Uraufführung 1895), zu deren Schlusssatz ihn ein Choral nach Klopstocks Ode „Auferstehn" inspiriert hatte, der am 29. März 1894 zur Trauerfeier für den Musiker Hans von Bülow in der Hamburger Kirche St. Michaelis gesungen worden war.

Anhaltende Differenzen mit Pollini verleideten Mahler am Ende seine Hamburger Tätigkeit. Er wechselte 1897 als Hofoperndirektor nach Wien, wo die Ära seiner großen musikalischen Erfolge begann. In der protestantischen Michaeliskirche war er kurz zuvor vom jüdischen Glauben zum Katholizismus konvertiert. ■

**Architekt**
(geb. 1813 Neuchâtel/ Schweiz – gest. 1898 Neuchâtel)

**Hamburg-Uhlenhorst, Am Feenteich 14**

1842, kurz nach dem großen Stadtbrand, ließ sich der heute kaum noch bekannte Schweizer Architekt Auguste de Meuron in der Hansestadt nieder.

Neben Geschäftshäusern und Hotels errichtete er mit Franz Georg Stammann hier 1843 den ersten Bau des Thalia Theaters (zerstört, Grundstück gegenüber dem heutigen Theater gelegen) und mit seinem Schüler und Geschäftspartner Martin Haller, dem Architekten des Hamburger Rathauses, zahlreiche Bauten für die Zoologische Gesellschaft (1861–68).

Vor allem aber war de Meuron Modearchitekt der Hamburger Oberschicht, für die er – durch eine gute Ausbildung an der Pariser École des Beaux-Arts die besten Voraussetzungen mitbringend – Stadt- und Landhäuser samt Innenausstattung in allen damals gefragten historischen Stilen schuf.

Seine Wohnhäuser, die das Stadtbild wesentlich prägten, darunter das Neorenaissance-Palais für seinen Förderer, den Bausenator >> Martin Johann Jenisch d.J. an den Großen Bleichen, und der einer Ritterburg ähnelnde neogotische Landsitz Beausite im Stadtteil Blankenese, den er für den Großkaufmann Gustav Godeffroy erbaute, existieren nicht mehr. So ist de Meurons eigenes Wohnhaus mit dezentem Bauschmuck im Neo-Rokoko heute eines der letzten Zeugnisse seiner 26-jährigen Hamburger Bautätigkeit.

1868 kehrte der Architekt in seine Heimatstadt zurück. ■

*Das Wohnhaus des Architekten aus dem Jahr 1860*

*Domenica Niehoff*

**Prostituierte, Streetworkerin**
(geb. 1945 Köln – gest. 2009 Hamburg)

**Hamburg-St. Pauli, Talstraße 69**

Prostituierte, Bordellbesitzerin, Streetworkerin, Medienstar und Künstlermuse – das war Domenica Niehoff.

Sie wuchs im Waisenhaus auf, begann eine Buchhalterlehre und traf mit 17 ihren späteren Mann, einen 25 Jahre älteren Kölner Bordellbesitzer. Nach seinem Selbstmord – er erschoss sich in der gemeinsamen Wohnung – begann Domenica 27-jährig als Prostituierte in der Hamburger Herbertstraße zu arbeiten und galt mit ihrer extravaganten Ausstrahlung bald als ‚Königin von St. Pauli'. Sie habe sich gedacht, sagte Domenica, „das ist jetzt der einfachste Weg. Erst im nachhinein habe ich gemerkt, dass ich mir den schwersten Weg ausgesucht hatte."

Ab 1990 betreute sie im Stadtteil St. Georg junge drogensüchtige Prostituierte – eine Arbeit, die sie als extrem belastend empfand, wie sie später bekannte.

*In dem Neubau hatte Domenica seit 2008 eine Zwei-Zimmer-wohnung, von deren Veranda sie den Kiez in der Schmuckstraße überblicken konnte*

In dieser Zeit war Domenica schon prominent, da sie sich öffentlich als Hure ‚geoutet' hatte. Prominente schmückten sich mit ihr, Künstler wie Jörg Immendorf porträtierten sie, sie wirkte in mehreren Filmen mit.

Domenica, die zuletzt längere Zeit in der Eifel gelebt hatte, starb kurz nach ihrer Rückkehr nach Hamburg und wurde auf dem Friedhof im Stadtteil Ohlsdorf beigesetzt. Die „Domenica Lounge" in der Herbertstraße zeigt heute Erinnerungsstücke an Deutschlands berühmteste Prostituierte. ■

# Hans Erich **NOSSACK**

**Schriftsteller**
(geb. 1901 Hamburg – gest. 1977 Hamburg)

**Hamburg-Harvestehude Hansastraße 20**

*Er galt als typischer Hanseat: Hans Erich Nossack, 1951*

„Es ist unmöglich zugleich Hamburger und geistiger Mensch zu sein. Das sind unvereinbare Dinge," klagte Hans Erich Nossack.

Obwohl er behauptete, Hamburg zu hassen, war er 1969 aus Frankfurt/Main in seine Heimatstadt zurückgekehrt und 1972 in die Hansastraße gezogen – die letzte seiner zahlreichen Hamburger Adressen.

Frühere Wohnungen befanden sich u.a. in der Feldbrunnenstraße 2, Isestraße 69 und Brahmsallee 11 (1943 zerstört). Sein Elternhaus lag am Harvestehuder Weg 49 (ebenfalls kriegszerstört), wo er als Sohn des Kaffeeimporteurs Eugen Nossack eine zwar materiell privilegierte, aber wenig glückliche Kindheit verbracht hatte, die durch das schlechte Verhältnis zu seiner dünkelhaften und herrschsüchtigen Mutter, einer Tochter des Hamburger Konsuls Kröhnke, nachhaltig getrübt war. In dem Essay „Privatbesitz. Durchgang verboten" (1968) gibt Nossack einen Einblick in die Verhältnisse.

Trotz seiner Tätigkeit als Kaufmann – er leitete bis 1956 die Firma des Vaters und lebte erst danach als freier Schriftsteller – fand Nossack Anschluss an die literarische Prominenz der Nachkriegszeit. Ein „Dokument für immer" nannte Thomas Mann Nossacks Bericht „Der Untergang", der die vernichtenden Luftangriffe auf Hamburg im Jahr 1943 schildert.

Nossack ruht im Familiengrab Kröhnke/Nossack auf dem Friedhof Ohlsdorf. ■

*Nossacks letzte Adresse: Mit seiner Frau Gabriele, geb. Knierer (1896–1987), lebte er von 1972 bis 1975 im ersten, danach im dritten Stock*

**Journalist, Schriftsteller, Pazifist**
(geb. 1889 Hamburg – gest. 1938 Berlin)

**Hamburg-St. Georg, Schmilinskystraße 6**

Als Herausgeber der Berliner „Weltbühne", der maßgebenden linksintellektuellen Zeitschrift der Weimarer Republik, und kompromissloser Kämpfer für Demokratie und Frieden (Friedensnobelpreisträger 1936) war er einer der prominentesten Journalisten seiner Zeit.

Die Anfänge waren wenig erfolgversprechend: Carl von Ossietzky wuchs in ärmlichen Verhältnissen in der Hamburger Neustadt auf. Sein Vater, ein Einwanderer aus Oberschlesien, der in Hamburg als Stenograph arbeitete, starb bereits 1891. Die Mutter – sie betrieb ein kleines Lokal am Rödingsmarkt – überließ ihn einer Tante und nahm ihn erst 1898, nach ihrer Heirat mit dem Bildhauer Gustav Walther, wieder auf.

Ossietzky, durch seinen Stiefvater schon früh an sozialdemokratischer Politik, weniger jedoch am Unterricht interessiert, schaffte die Mittlere Reife nicht. Er wurde Schreiber im Grundbuchamt und beim Hamburger Amtsgericht – eine Stelle, die er bis zu seinen ersten journalistischen Erfolgen Ende des Ersten Weltkriegs behielt.

*Gedenktafel am Wohnhaus mit dem Porträt Ossietzkys*

In Erinnerung ist Ossietzky als politischer Märtyrer: Seit Februar 1933 in Nazihaft wurde er, schwer Tbc-krank, 1936 auf Druck der Öffentlichkeit aus dem KZ Esterwegen entlassen, starb aber schon zwei Jahre darauf an den Folgen von Haft und Krankheit.

Die Hamburger Staats- und Universitätsbibliothek trägt heute seinen Namen. ■

*In dem 1884 erbauten Backsteinhaus hatten Ossietzky und seine aus England stammende Frau Maud Hester Lichfield-Woods von 1913 bis 1916 eine Wohnung. Ossietzkys Geburtshaus in der Neustädter Michaelisstraße 10 wurde im Zweiten Weltkrieg zerstört*

**Architekt, Innen-architekt** (geb. 1906 Hamburg – gest. 1988 Hamburg)

**Hamburg-Othmarschen, Elbchaussee 245**

Cäsar Pinnau, der wie manch anderer Architekt nicht nach der politischen Moral seiner Bauherren fragte und „auch für den Teufel gebaut hätte", hinterließ ein äußerst vielseitiges Werk.

Nach einer Tischlerlehre im väterlichen Betrieb, der sich in der Herrlichkeit, einer Straße nahe dem Rödingsmarkt befand, sowie einem Architekturstudium in Berlin und München, begann seine Karriere mit NS-Aufträgen, darunter die Interieurs für die Neue Reichskanzlei und die Japanische Botschaft in Berlin.

Nach 1945 schuf Pinnau Verwaltungs- und Industriegebäude, wie die Langnese Honigfabrik in Hamburg-Bargteheide, richtete Grandhotels ein und etablierte sich mit dem Bau neoklassizistischer Villen sowie der Ausstattung eleganter Yachten, darunter die „Christina" des griechischen Reeders Aristoteles Onassis, als Architekt der Großbourgeoisie.

*Cäsar Pinnau in seinem Atelier*

Dass er auch modern bauen konnte, zeigen der Olympic Tower in New York (1970–74) und das Hamburger Bürohochhaus in der Ost-West-Straße (1958/59).

Zu den prominenten Hamburger Werken Pinnaus gehören auch die Repräsentationsräume der MS Cap San Diego (heute Museumsschiff) und das Wohnhaus Baurs Park 3 in Blankenese, das er 1986 für sich und seine zweite Frau Ruth als Alterswohnsitz errichtete. Auch seine Grabstätte auf dem Friedhof Ohlsdorf entwarf Pinnau selbst. ■

*Ein Mix aus Neoklassizismus und Kolonialstil: Pinnaus 1950/51 entstandener Wohnsitz. Das von der Elbchaussee aus gut sichtbare Haus brachte ihm viele Aufträge ein*

„Hamlet", „Don Carlos", „Torquato Tasso" und „Peer Gynt" – mit annähernd sämtlichen Hauptrollen aus dem Repertoire der großen Bühnenklassiker wurde Will Quadflieg einer der erfolgreichsten deutschen Theaterschauspieler des 20. Jahrhunderts.

Er kam 1947 nach Hamburg, wo er lange Zeit zu den Stars des Deutschen Schauspielhauses gehörte. Unvergessen ist seine Titelrolle in der legendären Gründgens-Inszenierung von Goethes „Faust" (1957), in der >> Gustaf Gründgens selbst den „Mephisto" spielte.

Quadflieg gab ferner Gastspiele an anderen Bühnen, unternahm Tourneen mit seinem eigenen Theaterensemble „Die Schauspieltruppe" und wurde mit Fernsehrollen („Der große Bellheim") sowie als ‚Stimme' zahlreicher Hörbücher auch einem breiteren Publikum bekannt. Zwischen 1983 und 2003 spielte er erneut in Hamburg und beeindruckte, diesmal am Thalia Theater, vor allem in Shakespeares „König Lear".

Quadfliegs Karriere hatte im Dritten Reich begonnen. Er trat am damals von Heinrich George geleiteten Berliner Schiller-Theater auf und wirkte gleichzeitig in Ufa-Filmen mit – von Unterhaltungskitsch („Das Herz der Königin" mit Zarah Leander, 1940) bis zu NS-Propagandastreifen. Nach 1945 gehörte er zu den wenigen Schauspielern seiner Generation, die selbstkritisch eingestanden, zwar keine Nazis, aber Nutznießer des Regimes gewesen zu sein. ■

**Schauspieler**
(geb. 1914 Oberhausen – gest. 2003 Osterholz-Scharmbeck)

**Hamburg-Rotherbaum, Johnsallee 63**

*Will Quadflieg (Szenenfoto)*

*Quadflieg hatte hier von 1955 bis 1967 eine Unterkunft*

**Zigaretten-fabrikant** (geb. 1893 Osterholz-Scharmbeck – gest. 1959 Hamburg)

**Hamburg-Othmarschen, Parkstraße 51**

Die damals hypermoderne Villa, die sich Philipp F. Reemtsma von Martin Elsaesser, einem der Top-Architekten der Weimarer Republik, 1930–32 im Stil des „Neuen Bauens" errichten ließ, galt bei ihrer Fertigstellung mit 4,2 Millionen Mark Baukosten als teuerstes und luxuriösestes Privathaus Deutschlands. Die mehr als 1500 Quadratmeter Wohnfläche enthielten neben Wohn- und Gesellschaftsräumen auch einen Spiel- und Sportflügel, einen Kinosaal und ein Schwimmbad – ausgestattet mit den neuesten technischen Errungenschaften seiner Zeit wie etwa die elektrisch versenkbaren Panoramafenster.

Hinzu kamen ein Wirtschaftsgebäude, ein gesondertes Wohnhaus für das Personal sowie Garagen mit Tankplatz und Autowaschhalle. Das mit sieben Hektar riesige Parkgrundstück mit prächtigem alten Baumbestand enthielt Blumen- und Gemüsegärten nebst Gewächshäusern und bot mit Reitwiese, Badeteich samt Sprungturm und Wasserrutsche, Tennis- und Bocciaplatz nahezu alle Möglichkeiten zeitgemäßer Sportausübung.

Unter dem Titel „Haus K. in O." [„Haus Kretkamp in Othmarschen", benannt nach dem Namen des Flurstücks]

*Einer der modernsten Wohnbauten seiner Zeit: Die ehemalige Reemtsma-Villa*

Philipp F. Reemtsma, 1925

veröffentlichte Elsaesser 1933 eine umfangreiche Bildmonografie über das Reemtsma-Anwesen. Was damals aufwändige Eigenwerbung war, ist heute ein wertvolles historisches Dokument, denn während die Villa 2008/09 in den Originalzustand zurückversetzt wurde, sind die Nebengebäude und die originale Gartengestaltung nicht mehr erhalten. Hier befinden sich die heute zu Luxuswohnungen umgestalteten Verwaltungsgebäude aus den 1950er-Jahren – der Zeit, als das Gelände als Hauptverwaltung der Reemtsma Cigarettenfabriken GmbH genutzt wurde.

Reemtsma war als Zigarettenfabrikant reich geworden. Mit seinen Brüdern Hermann (1892–1961) und Alwin (1895–1970) hatte er die kleine Erfurter Zigarettenmanufaktur seines Vaters 1923 nach Hamburg-Bahrenfeld verlegt und durch die Übernahme kleinerer Konkurrenten und gezieltes Marketing seiner Zigarettenmarken (u.a. „R6“ und „Ernte 23“) bis Ende der 1930er-Jahre mit zehn Fabriken und 11 000 Beschäftigten zum größten Zigarettenproduzenten Deutschlands ausgebaut.

Nach dem Zweiten Weltkrieg wurde Reemtsma aufgrund seiner Verstrickungen in das Nazi-Regime angeklagt – NS-Organisationen hatte er Millionen gespendet und Reichsmarschall Hermann Göring jahrelang die Anschaffung kostbarer Kunstwerke finanziert. Schon 1948 jedoch konnte Reemtsma in die Leitung seines Konzerns zurückkehren, der in der deutschen Zigarettenindustrie bald wieder führend war.

Privat hatte er durch Ehescheidung und den Tod seiner drei Söhne im Zweiten Weltkrieg schwere Schicksalsschläge erlitten. Aus zweiter Ehe stammt sein Sohn Jan Philipp (geb. 1952), der heutige Leiter des Hamburger Instituts für Sozialforschung. ■

**Verleger, Gründer des Rowohlt Verlags** (geb. 1887 Bremen – gest. 1960 Hamburg)

**Hamburg-Rotherbaum, Heimhuder Straße 37**

„rororo-Taschenbücher", „rowohlts monographien" und „rowohlts deutsche enzyklopädie": Neben Samuel Fischer und Peter Suhrkamp gehörte Ernst Rowohlt zu den großen deutschen Verlegerpersönlichkeiten des 20. Jahrhunderts, die mit der Veröffentlichung hervorragender moderner und klassischer Werke in Form preiswerter Bücher Millionen von Lesern den Zugang zur Weltliteratur ermöglichten.

Zweimal musste Rowohlt mit seinem Verlag, den er 1908 in Leipzig gegründet hatte, wieder von vorn anfangen: 1919 in Berlin, wo er ihn bis zur Schließung durch die Nazis zu einem der erfolgreichsten Verlagshäuser der Weimarer Republik ausbaute, und unmittelbar nach dem Zweiten Weltkrieg in Hamburg.

Sein Verlagsprogramm umfasste klangvolle Namen: Kurt Tucholsky und Mascha Kaléko, die zu den literarischen Stars der 1920er-Jahre gehörten, US-amerikanische Gegenwartserzähler wie Ernest Hemingway und William Faulkner, aber auch Klassiker wie Balzac und schwieriger zu vermarktende Autoren, darunter Robert Musil mit seinem schwer lesbaren Großroman „Der Mann ohne Eigenschaften".

Auf Anregung von Heinrich Maria Ledig-Rowohlt (1908–1992), Rowohlts Sohn aus der Liason mit der Schauspielerin Maria Ledig, kamen nach amerikanischem Vorbild 1950 die ersten ‚echten' Taschenbücher auf den Markt – mit geklebtem, statt geheftetem Rücken und daher noch preiswerter als die ursprünglichen. Der Schwerpunkt lag jetzt auf der Literatur von Nachkriegsautoren wie Walter Jens, >> Wolfgang Borchert, Jean-Paul Sartre und Simone de Beauvoir.

Rowohlt, der als autoritär, aber auch als gesellig, lebensfroh und ausgesprochen trinkfest beschrieben wurde, war mit vielen seiner Autoren befreundet. Zu ihnen gehörten der US-Amerikaner Thomas Wolfe, der seinem Verleger in dem Roman „Es führt kein Weg zurück" (1940) in der Figur des „Lewald" ein literarisches

Denkmal setzte und Hans Fallada, dem Rowohlt durch eine Anstellung in seinem Verlag den Lebensunterhalt sicherte, bevor dessen Roman „Kleiner Mann – was nun“ (1932) einer der großen Rowohlt-Bestseller wurde.

*Der Verleger Ernst Rowohlt*

In seiner Hamburger Zeit war der Verleger in vierter Ehe mit der Schauspielerin Maria, geb. Pierenkämper, verheiratet. Sie und der gemeinsame Sohn Harry Rowohlt (geb. 1945), heute ein bekannter Übersetzer, Rezitator und Schauspieler, lebten damals in der Heimhuder Straße 57, wenige Häuser von Ernst Rowohlts Wohnung entfernt.

Rowohlt bewohnte um 1953 ein Häuschen in der Wellingsbütteler Landstraße 115 in Hamburg-Klein Borstel und ab 1958 ein größeres Haus im Mellenbergweg 51 im Stadtteil Volksdorf. Auf dem dortigen Waldfriedhof befindet sich auch sein Grab.

Der Rowohlt Verlag hatte seinen Sitz nach einigen provisorischen Adressen ab Ende 1952 in der Hamburger Bieberstraße 14; erst 1960, kurz vor Rowohlts Tod, wurde er ins nahe Reinbek verlegt. ■

*Im ersten Stock der noblen Stadtvilla aus dem späten 19. Jahrhundert (rechts) hatte Rowohlt um 1950 eine Wohnung*

# Peter RÜHMKORF

**Schriftsteller** (geb. 1929 Dortmund – gest. 2008 Roseburg im Kr. Herzogtum Lauenburg/ Schleswig-Holstein)

**Hamburg-Övelgönne, Haus Nr. 50**

*Peter Rühmkorf*

„[...] Wer Lyrik schreibt, ist verrückt [...]“, sagte Peter Rühmkorf, der einer der originellsten deutschen Lyriker nach 1945 war. Seine Gedichte, zu denen ihn sowohl seine literarischen Vorbilder Eichendorff und Heine als auch die moderne Alltagssprache inspirierten, sind voller Wortwitz und virtuoser Sprachspiele. Pro halbe Gedichtseite verbrauchte Rühmkorf 200 bis 300 Manuskriptblätter: „Was dann nachher so schön fliegt /wie lange ist darauf rumgebrütet worden.“ („Phönix voran“, 1992)

Rühmkorf, der sich selbst als „roter Romantiker“ bezeichnete, schrieb auch Essays und Satiren über Moden und Statussymbole, die Springerpresse, Werbeslogans und sprachliche Verlogenheit: „[...] wo Dichtung ranklotzt, als ob sie Parfüm verkaufen will, kann man sicher sein, daß Gestank überdeckt werden soll.“

Er war Mitbegründer eines Studentenkabaretts, Redakteur der Satirezeitschrift „konkret“, Lektor im Rowohlt Verlag und Mitinitiator des Jazz- und Lyrikkellers „Die Anarche“ – häufig las er seine Gedichte mit Jazzmusik-Begleitung.

Seit 1964 kinderlos mit der SPD-Politikerin Eva-Marie, geb. Titze, verheiratet, starb Rühmkorf am 8. Juni 2008 an Krebs – wenige Stunden, nachdem ihm der Literaturpreis für grotesken Humor der Stadt Kassel verliehen worden war.

Der Schriftsteller wurde auf dem Hauptfriedhof Hamburg-Altona bestattet. ■

*Die malerische Schiffer- und Lotsensiedlung Övelgönne war seit 1967 Rühmkorfs Wohnsitz. Sein Haus mit der schönen gusseisernen Veranda entstand im 19. Jahrhundert*

# Georg Heinrich Freiherr von SCHLITZ, gen. von Görtz

„Es hat wohl nie ein Mann gelebt, der so geschmeidig und kühn, so erfinderisch im Unglück, so umfassend in seinen Plänen, so tatkräftig in seinen Unternehmen gewesen ist, wie er", schreibt Voltaire, der Georg Heinrich Freiherr von Schlitz, genannt von Görtz, persönlich gekannt hatte, 1730 in seiner „Geschichte Karls XII.". Er setzte aber hinzu: „[...] alle Mittel waren ihm recht."

**Staatsmann, Diplomat**
(geb. 1675 Schlitz/ Hessen – hingerichtet 19.2.1719 Stockholm)

**Hamburg-Neustadt, Neuer Wall 86 „Görtz-Palais"**

Die Karriere des Freiherrn von Schlitz begann am Gottorfer Fürstenhof, wo er es vom Kammerjunker zum Finanz- und Außenminister brachte. Nach Hamburg kam er als Gesandter des kleinen Herzogtums Schleswig-Holstein-Gottorf. Seinem Landmann und Konkurrenten Magnus von Wedderkop nahm er entschädigungslos dessen Grundstück am Neuen Wall ab und ließ sich darauf das Görtz-Palais errichten.

*Der Machtpolitiker Freiherr von Schlitz*

Von Schlitz stieg später unter Karl XII. zu einem der führenden Staatsmänner Schwedens auf – Gottorf war Schwedens Bündnispartner –, kam aber nach dessen Tod zu Fall. Seine Gegner machten ihn aus Erbfolgeinteressen für die rigide Abgaben-Politik des verstorbenen Königs verantwortlich, der durch immer neue Steuerlasten versucht hatte, seine Armee zu finanzieren. Von Schlitz wurde verhaftet und nach einem unfairen Prozess mit dem Schwert enthauptet: Der selbst einst skrupellose Minister wurde ein Opfer gewissenloser Machtpolitik. ■

*Einst Vorbild für viele Hamburger Wohnpaläste: Das barocke Görtz-Palais, 1710 von Johann Nicolaus Kuhn für Freiherr von Schlitz und seine Frau Christine Magdalene von Reventlow errichtet. Im Zweiten Weltkrieg stark beschädigt, wurde es 1953/54 von Carl Friedrich Fischer in vereinfachten Formen als Bürohaus wieder aufgebaut*

**Architekt, Stadtplaner** (geb. 1869 Bremen – gest. 1947 Hamburg)

**Hamburg-St. Georg, An der Alster 39**

„So wurde ich mit dem Hause An der Alster 39 Besitzer eines kleinen, aber besonders schönen Fleckchens des Hamburger Stadtgebiets, und oft hat mich in Augenblicken der Mutlosigkeit ein Blick auf die Schönheit, die ich von meinem Fenster aus sah, zu neuem Auftrieb gebracht [...]“, schreibt Fritz Schumacher später über sein Hamburger Domizil, das er 1913 kaufte und umbaute, nachdem er die ersten Hamburger Jahre in dem nahe gelegenen Haus An der Alster 66 verbracht hatte.

*Fritz Schumacher*

Zeitlebens unverheiratet lebte er mit seiner Schwester Sita zusammen, die ihm nicht nur den Haushalt führte, sondern abends auch Romane vorlas, wenn Schumacher, statt in seinem Büro an der Bleichenbrücke 17, zu Hause an Architekturentwürfen zeichnete. Es gab auch gesellige Abende mit Hamburger Freunden, darunter der Seeschriftsteller >> Gorch Fock, der in Schumachers Wohnzimmer gelegentlich aus seinen Manuskripten vorlas.

Schumacher, zuvor Architekturprofessor in Dresden, war 1909 an das Hamburger Hochbauamt berufen worden. Als leitender Architekt und Stadtplaner und seit 1922 als Oberbaudirektor war er vierzehn Jahre lang verantwortlich für nahezu alle öffentlichen Gebäude, mit denen er das Gesicht der Hansestadt bis heute wesentlich prägte. Unter seiner Ägide entstanden u.a. so markante Bauwerke wie die Erweiterung der Kunsthalle (1909–21 mit Albert Erbe), das Museum für Hamburgische Geschichte, das Tropeninstitut, die Oberfinanzdirektion am Gänsemarkt, zahlreiche Schulen, darunter das „Johanneum“, Hamburgs traditionsreiche Eliteschule (1912–14), Wohnsiedlungen wie die „Jarrestadt“ im Stadtteil Winterhude, die nach seinem Bebauungsplan

1927–30 von verschiedenen Architekten ausgeführt wurde, die ehemalige Bücherhalle in der Mönckebergstraße (1914/15 heute ein Fastfood-Restaurant) und die Davidwache an der Reeperbahn. Dabei gilt er als Erneuerer der norddeutschen Tradition des Backsteinbaus – bis heute das ‚Markenzeichen' Hamburger Architektur.

Auch als Privatarchitekt schuf er mit Villenbauten, Interieur- und Möbelentwürfen, Grabmalen und Bühnenbildern – in seiner Dresdener Zeit inszenierte er sogar den „Hamlet" – ein Werk, das kaum vielfältiger und umfangreicher sein könnte. Er fand außerdem Zeit, fast 40 Schriften zur Architektur zu verfassen, unter ihnen die Publikation „Das Werden einer Wohnstadt. Bilder vom neuen Hamburg" (1932).

Schumacher, der als Vertreter einer modernen Bauauffassung im NS-Regime als unerwünscht galt und bereits 1933 pensioniert worden war, verließ Hamburg nach der Ausbombung seines Hauses 1943 und lebte von da an in Lüneburg.

Seine letzte Ruhe fand er auf dem Friedhof Ohlsdorf neben dem Kunsthallendirektor >> Alfred Lichtwark, dessen Grab er einst entworfen hatte. ■

*Das spätklassizistische Stadthaus (Mitte) aus den Jahren 1837/38 baute sich Schumacher zum eigenen Wohnhaus um. Er fügte auch den Säulenbalkon im ersten Stock an, um den schönen Blick auf die Außenalster genießen zu können*

# Gustav **Seitz**

**Bildhauer**
(geb. 1906 Neckarau bei Mannheim – gest. 1969 Hamburg)

**Hamburg-Harvestehude, Oberstraße 83**

Gustav Seitz zählte nach 1945 zu den bekanntesten deutschen Bildhauern, die figürlich arbeiteten, wenngleich seine Plastiken auch ungegenständliche Partien enthalten, denn „[...] es sind nicht zuletzt die unsichtbaren Züge, die den Künstler interessieren und die er sichtbar machen muß, wenn er mehr geben will als die oberflächliche Porträtähnlichkeit“, sagte er selbst.

Seitz schuf zahlreiche Porträtköpfe prominenter Künstler und Gelehrter, darunter Joseph Haydn und Richard Wagner (1937) sowie die Zeitgenossen Heinrich und Thomas Mann, Martin Heidegger, Pablo Picasso (1952) und Bertolt Brecht. Er arbeitete auch an Darstellungen einfacher Menschen, wobei er Asiaten bevorzugte, deren flächige Gesichtsformen ihn faszinierten („Kaukasierin“, 1925).

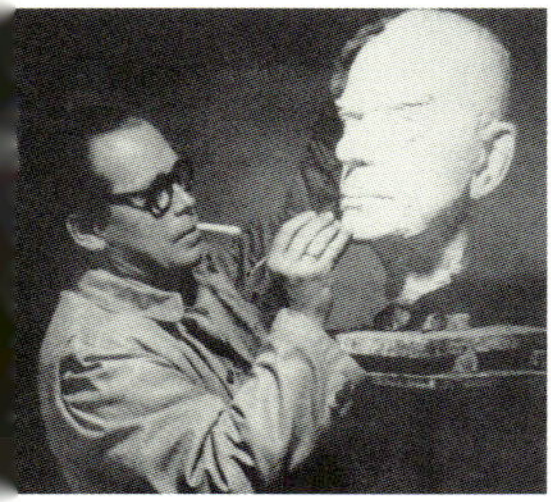

*Seitz mit Thomas-Mann-Büste, 1954*

In der Hansestadt ließ sich Seitz, der seit 1925 in Berlin gelebt hatte, erst 1958 nieder. Er wohnte zunächst in der Harvestehuder Oberstraße, bevor er 1965 sein Atelierhaus in der Mörikestraße 6 im Stadtteil Blankenese erwarb.

Zu seinen Hamburger Werken gehören der große Bronzetorso „Geschlagener Catcher“, (1966), der 1968 auf der Biennale Venedig ausgestellt wurde (heute Hamburger Kunsthalle) und die Bronzereliefs an der „Porta d' Amore“ des Museums für Kunst und Gewerbe.

Bis zu seinem Tod lehrte er an der Hamburger Hochschule für bildende Künste. ■

*In der noblen Hamburger Stadtvilla lebte der Bildhauer von 1958 bis 1965*

Kurt Sieveking stammte aus einer alteingesessenen Hamburger Kaufmanns- und Senatorenfamilie. Zu seinen Vorfahren gehörten der wohlhabende, politisch und kulturell interessierte Kaufmann Georg Heinrich Sieveking (1751–1799), der ein Anhänger der französischen Revolution war, sowie die karitativ tätige Amalie Sieveking (1794–1859).

Sieveking war von 1953 bis 1957 Erster Hamburger Bürgermeister – vor Ole von Beust der einzige Christdemokrat an der Spitze des Senats in der zweiten Hälfte des 20. Jahrhunderts. In Charakter und Auftreten repräsentierte Sieveking durch und durch das hanseatische Patriziertum, „vornehm, distinguiert, zurückhaltend, mehr Kaufmann und Diplomat als Politiker".

Nachdem er die Wahlen an den SPD-Politiker >> Max Brauer, der von 1946 bis 1953 bereits sein Vorgänger im Bürgermeisteramt gewesen war, verloren hatte, wurde Sieveking Oppositionsführer. 1965 kehrte er in seinen alten Beruf als Rechtsanwalt zurück.

Schon in den 1920er-Jahren war er – nach vierjähriger Episode im Auswärtigen Amt Berlin – in einer großen Hamburger Kanzlei tätig gewesen, die er nach der NS-Machtergreifung wegen politischer Differenzen verlassen hatte, um 1936 in das jüdische Bankhaus Warburg einzutreten – ein klares oppositionelles Statement.

Sieveking ruht im Familien-Mausoleum auf dem Alten Friedhof im Stadtteil Hamm. ■

**CDU-Politiker, Hamburger Bürgermeister, Rechtsanwalt**
(geb. 1897 Hamburg – gest. 1986 Hamburg)

**Hamburg-Osdorf, Dörpfeldstraße 39**

*Hamburgs ehemaliger Bürgermeister Kurt Sieveking*

*Das Haus im Stil der klassischen Moderne wurde 1928/29 von Heinrich Amsinck für Sieveking und seine Frau Ellen Ruperti, eine dem Bauhaus nahestehende Künstlerin, errichtet*

**Zeitungs-verleger** (geb. 1912 Altona/ heute zu Hamburg – gest. 1985 Berlin)

**Hamburg-Blankenese, Grotiusweg 77–79**

Axel Cäsar Springer stammte aus Altona, seinerzeit noch eine zu Preußen gehörende selbstständige Stadt. Sein Vater Hinrich war Inhaber des kleinen Hammerich & Lesser Verlags mit angeschlossenem Druckhaus in der Altonaer Königstraße, wo Springer später selbst eine Druckerlehre machte. Er arbeitete anschließend als Redakteur bei den „Altonaer Nachrichten" und betreute, nach der kriegsbedingten Einstellung des Blattes im Jahr 1941, die Herausgabe belletristischer Bücher im Verlag des Vaters – bis mit der Gründung der Axel Springer GmbH 1946 sein unaufhaltsamer Aufstieg zum mächtigsten bundesdeutschen Zeitungsverleger der Nachkriegszeit begann.

Mit Zeitungen und Illustrierten wie „Constanze", „Hamburger Abendblatt", „Hörzu", „Die Welt", „Berliner Morgenpost", vor allem aber dem Boulevardblatt „Bild" (1952) erreichte Springer eine Millionenleserschaft, war aber wegen seines manipulativen Boulevardjournalismus und seines machtbewussten und oft polarisierenden Charakters zugleich eine der umstrittensten Persönlichkeiten der bundesdeutschen Öffentlichkeit.

Da Springer sein „Meinungsmonopol“ in der „Bild“-Zeitung ihrer Ansicht nach demagogisch ausnutzte, kam es von Studenten und Linksintellektuellen in den späten 1960er-Jahren zu scharfen Demonstrationen gegen die Springerpresse, die nach dem Attentat auf den Studentenführer Rudi Dutschke („'BILD' schoss mit“) in Anschlägen auf das Hamburger Verlagshaus sowie auf Springers Ferienhäuser auf Sylt und im österreichischen Gstaad eskalierten.

*Axel Cäsar Springer in jungen Jahren*

Auch in der großen Politik scheute sich Springer nicht, unmissverständlich Position zu beziehen: Unbeirrt setzte er sich für die Wiedervereinigung der beiden deutschen Staaten und – in Opposition zur späteren Ostpolitik der SPD-Regierung – gegen die Anerkennung der DDR ein. Als politisches Statement hatte Springer seine Konzernzentrale schon 1967 von der Hamburger Kaiser-Wilhelm-Straße nach West-Berlin verlegt – in einen Neubau direkt an der Mauer.

*Einer der frühesten Bauten der Klassischen Moderne in Deutschland: das 1922/23 von Karl Schneider für den Fabrikanten Hermann Michaelsen und seine Frau Ite, eine Bildhauerin, errichtete Wohnhaus. Springer lebte hier von 1955 bis 1961. Heute beherbergt es ein Puppenmuseum*

In Hamburg gibt es zwei ‚Springer'-Villen: 1955 kaufte der schwerreiche Verleger, der aus fünf Ehen drei Kinder hatte, das ehemalige Landhaus Michaelsen, eine Architekturikone im Stil der Klassischen Moderne und eines der extravagantesten Hamburger Wohnhäuser überhaupt, idyllisch gelegen in einem 55 000 qm großen Parkareal mit atemberaubendem Elbblick. Haus und Grundstück vermachte er nach dem Selbstmord seines Sohnes Axel (1941–1980), der unter dem Namen Sven Simon als Fotograf bekannt geworden war, der Stadt Hamburg (heute „Sven-Simon-Park“). In den 1970er-Jahren erwarb Springer nahe seiner ersten Villa außerdem das 1906/07 erbaute Haus des Kaffeegroßhändlers Georg Friedrich Schucken im Grotiusweg 55. Seinen Hauptwohnsitz hatte Springer in dieser Zeit bereits in Berlin. ■

# Ernst THÄLMANN

**KPD-Politiker**
(geb. 1886 Hamburg – hingerichtet 18.8.1944 KZ Buchenwald)

**Hamburg-Eppendorf, Tarpenbekstraße 66**

Der KPD-Politiker Ernst Thälmann wuchs in ärmlichen Verhältnissen in der Hamburger Altstadt auf; sein Geburtshaus lag Alter Wall 68.

Seine Mutter war Gemüse- und Fischhändlerin, der Vater hatte ein kleines Fuhrunternehmen und betrieb eine Kellerkneipe, die allerdings kein KPD-Parteilokal war, wie des Öfteren behauptet. Beide Eltern waren eher Kleinbürger als Proletarier und politisch desinteressiert.

Thälmann selbst arbeitete u.a. als Kutscher, Tagelöhner am Hafen sowie in einer Fischmehlfabrik, wo er „das kapitalistische Ausbeutungssystem und seine Methoden" kennen lernte. Seine einfache Herkunft verstand er später werbewirksam einzusetzen, so dass er auch deswegen „[...] der populärste aller KPD-Führer war, weil die Masse der kommunistischen Arbeiter in ihm den echten Vertreter ihrer Klasse sah."

*Held und Märtyrer der KPD: Ernst Thälmann*

17-jährig wurde er zunächst SPD-Mitglied, 1921 Hamburger KPD-Sekretär und 1924 Parteivorsitzender. Er vertrat die stalinistische Doktrin der KPD, die die SPD als Hauptfeind bekämpfte und so den Widerstand gegen die Nationalsozialisten schwächte.

Als prominenter KZ-Häftling hoffte er vergeblich auf die Hilfe seiner Partei: Sie „[...] sieht mich lieber drinnen als draußen, da es sonst mit ihrer Propaganda aus ist."

Nach elf Jahren Haft wurde Thälmann am 18. August 1944 im KZ Buchenwald erschossen. ■

*Von der nahe gelegenen Siemssenstraße 4 zog Thälmann 1929 mit Frau Rosa und Tochter Irma in den zweiten Stock des großen Wohnhauses in der Tarpenbekstraße 66 (li.), wo er bis 1933 lebte. Heute befindet sich hier eine Thälmann-Gedenkstätte*

Gyula Trebitsch

**Film- und Fernseh-produzent** (geb. 1914 Budapest – gest. 2005 Hamburg)

**Hamburg-Winterhude, Rondeel 41**

„[...] nach Hamburg bin ich letztendlich aufgrund eines besonderen Umstands gekommen, ich habe mich in eine Hamburgerin verliebt [...]“.

Der jüdische Filmproduzent Gyula Trebitsch, der mit dem Einsetzen der Judenverfolgung in Ungarn seine Budapester Filmproduktionsfirma verloren und im Dritten Reich mehrere deutsche Konzentrationslager überlebt hatte, heiratete 1947 die Hamburger Kostümbildnerin Erna Sander (1914–1991), gründete die „Real-Film GmbH“ und wurde einer der maßgeblichen Filmproduzenten der Bundesrepublik Deutschland.

Mit sicherem Gespür für den Publikumsgeschmack produzierte er zahlreiche Erfolgsfilme, darunter „Des Teufels General“ mit Curd Jürgens (1954/55) und „Der Hauptmann von Köpenick“ mit Heinz Rühmann in der Hauptrolle (1956).

Seine Filmgesellschaft, die zunächst in Hamburg-Ohlstedt, später in Wandsbek lag, betrieb Trebitsch ab 1960 als „Studio Hamburg“ in der Jenfelder Allee 80 im Stadtteil Tonndorf vor allem mit Musiksendungen, Talkshows und Fernsehserien weiter, bis er sich 1980 aus der Geschäftsführung zurückzog.

Als unabhängiger Produzent realisierte er mit seiner Tochter Katharina erfolgreiche TV-Mehrteiler, darunter „Die Bertinis“ (1989) sowie die Krimiserie „Bella Block“ (ab 1994), und lehrte bis 1996 an der Hamburger Hochschule für Musik und Darstellende Kunst. ■

*Eine der vornehmsten Adressen Hamburgs: Trebitschs letzter Wohnsitz. Die Nobelvilla des Bankiers Max Magnus wurde 1895 durch die Hamburger Architekten Lundt & Kallmorgen erbaut, die auch das Wohnhaus des Reeders* » *Albert Ballin entwarfen*

**Industrieller, Pharmazeut** (geb. 1863 Gleiwitz/Schlesien, heute Gliwice/Polen – gest. 1918 Hamburg)

**Hamburg-Winterhude, Agnesstraße 1**

„Leukoplast", „Labello", „tesa-Film" und „Nivea-Creme" – hinter diesen weltbekannten Produkten steckt Oscar Troplowitz.

1890, kurz nach Abschluss seines Pharmaziestudiums, kam er nach Hamburg, wo er dem Apotheker Carl Paul Beiersdorf „Fabrik und Lager chemisch-pharmazeutischer Utensilien" abkaufte. Er verlegte die Produktion von der Altonaer Oelkersallee 82 in einen Neubau am Lokstedter Weg (heute Unnastraße) im Stadtteil Eimsbüttel und baute die kleine Firma nach und nach zu einem florierenden Unternehmen aus – dem Vorläufer des heutigen Kosmetikkonzerns Beiersdorf AG.

Seine großen unternehmerischen Erfolge verdankte Troplowitz dabei nicht nur seinem Gespür für pharmazeutische Neuheiten – er ließ u.a. die erste Tuben-Zahnpasta („Florisal-Zahnpasta") entwickeln –, sondern auch damals noch ungewöhnlichen großangelegten Werbekampagnen, mit denen er seine Produkte als Markenartikel etablierte.

*Die markante, an der Außenalster gelegene Villa wurde 1908/09 von William Müller, einem Schüler des prominenten Berliner Architekten Alfred Messel, für den Unternehmer erbaut*

*Oscar Troplowitz (Gemälde von Franz Nölken, 1916, Hamburger Kunsthalle)*

Bei allem Geschäftssinn war er ein sozial fortschrittlicher und großzügiger Firmenchef: „[...] der Grundzug seines Wesens“, so der Architekt >> Fritz Schumacher, „war Güte.“ Als einer der ersten Hamburger Unternehmer reduzierte Troplowitz die Arbeitszeit bei vollem Lohnausgleich (um 1890 von 60 auf 56 Stunden und um 1912 auf 48 Stunden), zahlte Weihnachts- und Urlaubsgeld, führte Stillstuben, eine Kranken- und Arbeitsunfähigkeitsversicherung und 1915 eine Altersversorgung ein – Sozialleistungen, die heute, fast ein Jahrhundert später, oft nicht mehr selbstverständlich sind.

Troplowitz, der lieber Kunsthistoriker geworden wäre und nur auf Wunsch seines Vaters Pharmazie studiert hatte, trug eine erstklassige Kunstsammlung zusammen, die Gemälde Alter Meister, französische Impressionisten und Werke der Moderne wie Picassos „Absinthtrinkerin“ (1901) umfasste – das erste Picasso-Gemälde in einer deutschen Privatsammlung (heute Kunstmuseum Bern). 26 seiner Gemälde vermachte der kinderlos gebliebene Fabrikant später der Hamburger Kunsthalle, darunter Meisterwerke wie Max Liebermanns „Eva“ und Auguste Renoirs „Madame Hériot“. Darüber hinaus förderte er Hamburger Nachwuchskünstler, in dem er Familienporträts und Skulpturen bei ihnen in Auftrag gab. Der junge Maler Friedrich Ahlers-Hestermann malte 1913 die Kuppel der Troplowitz-Villa aus.

Hamburgs großer Unternehmer, Kunstsammler und Mäzen, der im Alter von nur 55 Jahren auf dem Heimweg mit einem Gehirnschlag tot zusammengebrochen war, ruht auf dem Friedhof Ohlsdorf in der Familiengrabstätte Troplowitz-Mankiewicz – ein Entwurf von >> Fritz Schumacher, an dessen Berufung zum Hamburger Oberbaudirektor er als Mitglied der Hamburger Baudeputation einst beteiligt gewesen war. ■

**Schauspieler**
(geb. 1897
Stralsund –
gest. 1977
Hamburg)

**Hamburg-Eimsbüttel, Heußweg 18**

„Mit Mitte Sechzig begann ich meine neue Karriere in Platt“, berichtet Henry Vahl in seiner 1977 erschienenen Autobiografie „Wie das Leben so s-pielt“.

1958 von Theaterleiter Hans Mahler an das legendäre Ohnsorg-Theater engagiert, gehörte er gemeinsam mit seiner Bühnenpartnerin >> Heidi Kabel, von der er, so Vahl, mehr gelernt habe, „als in den 50 Jahren meiner Laufbahn“, lange Zeit zu den Publikumslieblingen des Hamburger Volkstheaters. Durch zahlreiche TV-Übertragungen wurde der „Nachwuchs-Star“, wie er sich selbstironisch gern nannte, bald auch bundesweit berühmt.

Unvergessen ist er als durchtriebener alter Kautz in heiteren Schwänken wie „Der möblierte Herr“, „Opa wird verkauft“ (1961), „Tratsch im Treppenhaus“ und „Meister Anecker“ (1958), in dem er den Schuhmacher-Altgesellen „Matten“ spielte – eine seiner Paraderollen.

Einer seiner größten Erfolge war eine Frauenrolle: das Hamburger Original „Zitronenjette“, im gleichnamigen Volksstück von Paul Möhring, in dem Vahl, ungeachtet seines hohen Alters, zwischen 1973 und 1975 ganze 200 Mal am Hamburger St. Pauli-Theater auftrat.

Vahl veröffentlichte außerdem Schallplatten mit plattdeutschen Liedern und war seit Ende der 1950er-Jahre als „Opa“ auch in Kinofilmen zu sehen, darunter in „Grün ist die Heide“, „Frühling auf Immenhof“ und „Unser Willi ist der Beste“ neben >> Heinz Erhardt (1971).

Bevor der große Erfolg kam, lag bereits ein ganzes Berufsleben als Schauspieler hinter ihm. Schon als Kind hatte er – ungewöhnlich für einen Fischersohn – in Stralsund auf der Bühne gestanden und später Engagements in Lübeck, Braunschweig, Bernburg/Saale, Karlsbad und am Deutschen Theater in Berlin erhalten. Ab 1948 hatte er an verschiedenen Hamburger Theatern meist kleinere Rollen gespielt, u.a. am von >> Wolfgang Borchert gegründeten Jungen Theater in einer Inszenierung von John Steinbecks Stück „Von Mäusen und Menschen".

*Henry Vahl, 1972*

Privat hatte er schwere Zeiten erlebt: Seine Frau, die Tänzerin und Choreografin Germaine, geb. Koch (1901–1975), im Dritten Reich als Halbjüdin verfolgt, hatte sich jahrelang in einer Gartenlaube in der Nähe von Ratzeburg versteckt halten müssen, um der Deportation und Ermordung im KZ zu entgehen – nicht einmal Vahl kannte ihren Aufenthaltsort.

Germaine und Henry Vahl, die 50 Jahre lang eine harmonische Ehe führten, lebten zuletzt im Stadtteil Winterhude in einer Wohnung in der Maria-Louisen-Straße. Sie sind in einem gemeinsamen Grab auf dem Friedhof Ohlsdorf bestattet. ■

*Im vierten Stock der Wohnanlage aus den 1920er-Jahren bezogen Germaine und Henry Vahl, als sie 1948 nach Hamburg kamen, eine Zwei-Zimmer-Wohnung*

**Kaufmann, Sozialreformer, Landwirt** (geb. 1752 Hamm/heute zu Hamburg – gest. 1839 Hamburg)

**Hamburg-Othmarschen, Baron-Voght-Straße 63**

„Ich habe nie den Gedanken ausstehen können, die kostbare Lebenszeit zur Vermehrung des Vermögens zu verwenden; meiner geistigen Unabhängigkeit war [...] jedes Geschäft zuwider, das meine Thätigkeit beschränken könnte", äußerte Caspar Reichsfreiherr von Voght im Rückblick.

Als Sohn eines reichen Hamburger Leinen- und Seidenhändlers konnte er sich diesen Luxus leisten. Mit seinem Jugendfreund Georg Heinrich Sieveking führte er das Handelsunternehmen seines Vaters zwar weiter, seine wahren Ambitionen aber galten sozialpolitischen Aktivitäten. Eine schwere Pockenerkrankung als Zehnjähriger, so Voght über sich selbst, habe ihn zum Philanthropen gemacht.

Er schuf die erste Hamburger Armenanstalt und setzte sich mit ihr für eine bessere Krankenpflege, die Beschaffung von Arbeitsplätzen und eine allgemeine Schulbildung ein. Nicht nur die Linderung, sondern die Vermeidung von Armut hielt er für entscheidend und

*Voghts ehemaliges, nahe dem Jenischpark gelegenes Landhaus*

fand damit europaweit Aufmerksamkeit: König Friedrich Wilhelm III. von Preußen beauftragte ihn mit einem Gutachten zum Berliner Armenwesen und der österreichische Kaiser Franz II. ließ sich von ihm ein Sozialprogramm ausarbeiten, wofür er Voght, der volkstümlich „Baron" genannt wurde, mit dem Reichsfreiherrentitel auszeichnete.

*Caspar von Voght (Gemälde von Jean Laurent Mosnier, 1801, Jenischhaus)*

Im Elbvorort Othmarschen erwarb Voght ab 1785 nach und nach ein weitläufiges Grundstück – ein Teil davon ist der heutige Jenischpark. Von dem Hamburger Architekten Johann August Arens, der auf Initiative Goethes später Weimarer Baurat wurde, ließ sich Voght 1794–97 das klassizistische Sommerhaus errichten, das der französische Designer Joseph Jacques Rameé mit elegantem Interieur ausstattete.

Im Unterschied zu seinen Zeitgenossen betrachtete Voght sein Anwesen jedoch nicht als luxuriöses Refugium, sondern baute es zu einem Mustergut aus. Der britische Gärtner James Booth gestaltete das Gelände zur „ornamented farm", in der die Wirtschaftsflächen malerisch in einen Landschaftspark eingebettet wurden.

Mit Elan ging Voght hier seinen weiteren Passionen nach: Landwirtschaft und Gartenbau. Nebenbei Mitbegründer und Präsident des „Garten- u. Blumenbauvereins für Hamburg, Altona und deren Umgegenden", betrieb er ein Laboratorium für Agrikulturchemie, führte neue landwirtschaftliche Produkte ein und ließ moderne Anbaumethoden erforschen. Auch diese Unternehmungen Voghts wurden weithin beachtet, sodass er, der zeitlebens unverheiratet blieb, auf seinem Landsitz, neben Freunden wie den Schriftsteller Friedrich Gottlieb Klopstock, interessierte Prominenz aus ganz Europa empfing, darunter den preußischen Gelehrten Wilhelm von Humboldt.

Das Grab des engagierten Hamburger „Barons" liegt auf dem Friedhof in Hamburg- Nienstedten. ■

**Kunsthistoriker, Privatgelehrter** (geb. 1866 Hamburg – gest. 1929 Hamburg)

**Hamburg-Eppendorf, Heilwigstraße 114**

„Jude von Geburt, Hamburger im Herzen, Florentiner im Geist" – so sah sich Aby Warburg selbst.

Er wuchs als ältestes von sieben Kindern in einer streng gläubigen und äußerst wohlhabenden jüdischen Familie am Mittelweg 17 im Hamburger Stadtteil Harvestehude auf. Sein Vater war der Bankier » Moritz M. Warburg, die Mutter Charlotte, geb. Oppenheim, stammte aus einer vermögenden Frankfurter Kaufmannsfamilie.

Anders als seine vier Brüder, die ausnahmslos Bankiers wurden, zeigte Aby Warburg von Jugend an keinerlei Interesse am Bankgeschäft. Er studierte Kunstgeschichte und Archäologie in Bonn, München und Straßburg – Hamburg besaß damals noch keine Universität –, verbrachte einen sechsjährigen Studienaufenthalt in Florenz und ließ sich 1904 als Privatgelehrter in seiner Heimatstadt nieder.

Warburg war einer der ungewöhnlichsten und innovativsten Kunsthistoriker seiner Zeit. Mit seinen Forschungen, u.a. zur italienischen Renaissance und Geschichte der Astrologie, erweiterte er die Grenzen traditioneller Kunstgeschichte, indem er Kunstwerke nicht nur unter ästhetischen Aspekten, sondern auch als Ausdruck ihres sozialen und kulturellen Umfelds betrachtete.

Seinen methodischen Schwerpunkten folgend, baute er seine berühmte kulturwissenschaftliche Forschungsbibliothek auf – lebenslang finanziert durch das Bankhaus Warburg. Eine entsprechende Vereinbarung hatte Warburg bereits in der Kindheit getroffen: „Als ich 12 Jahre alt war", berichtete sein ein Jahr jüngerer Bruder Max später, „machte mir Aby den Vorschlag, daß ich ihm sein Erstgeburtsrecht abkaufen sollte [...] gegen meine Verpflichtung, ihm immer seine Bücher-Anschaffungen zu bezahlen. [...] Dieser Vertrag war wohl der leichtsinnigste meines Lebens; freilich habe ich ihn nie bereut. Denn auf ihn gründete sich Abys Bibliothek und Institut und sein so erfolgreiches Lebenswerk."

*Aby Warburg, 1912*

Die stetig wachsende, für Wissenschaftler zugängliche Privatbibliothek war lange Zeit in Warburgs Wohnhaus untergebracht, in dem er mit seiner Frau, der Malerin und Bildhauerin Mary, geb. Hertz (1866–1934), und den drei gemeinsamen Kindern zunehmend beengter lebte. Erst 1925/26 wurde auf dem angrenzenden Grundstück ein gesondertes Bibliotheksgebäude errichtet – die späte Erfüllung seiner Lebensträume, denn Warburg hatte wegen einer Kriegspsychose sechs Jahre in Sanatorien verbringen müssen und war erst 1924 als geheilt entlassen worden.

Warburg wurde 1929 auf dem Friedhof Ohlsdorf in einem von seiner Frau entworfenen Familiengrab beigesetzt. Die ca. 60 000 Bände umfassende Bibliothek konnte sein Mitarbeiter Fritz Saxl mit Hilfe in den USA lebender Mitglieder der Warburg-Familie 1933 aus Nazideutschland nach London retten, wo sie als „Warburg Institute" bis heute weiterbesteht. ■

*Das um 1900 erbaute Jugendstilhaus (re.) bewohnte Warburg von 1909 bis zu seinem Tod am 26. Oktober 1929. Links angrenzend die ehemalige Kulturwissenschaftliche Bibliothek Warburg („K. B. W."), die 1925/26 von Gerhard Langmaack errichtet wurde. Durch seinen Sohn Dieter Langmaack 1993 in den ursprünglichen Zustand zurückversetzt, wird sie heute wieder als kultur- und kunstgeschichtliche Forschungsstätte genutzt*

# Moritz M. WARBURG

**Bankier**
(geb. 1838 Hamburg – gest. 1910 Hamburg)

**Hamburg-Harvestehude, Mittelweg 17**

Moritz M. Warburg gehörte zur weitverzweigten Hamburger Bankiersfamilie Warburg. Mit seiner Frau Charlotte (1842–1921), der Tochter des Frankfurter Juwelen- und Antiquitätenhändlers Nathan Oppenheim, begründete er den Zweig der sog. „Mittelweg-Warburgs" – benannt nach ihrem Haus am Mittelweg 17, das sie nach ihrer Heirat am 12. Juni 1864 bezogen hatten.

Im Streben nach beruflichem Erfolg und sozialem Status konkurrierten sie mit Moritz' Bruder Siegmund (1835–1889) und seiner Frau Théophilie, die wegen ihres Hauses am Alsterufer 18 die „Alsterufer-Warburgs" genannt wurden.

Moritz und Charlotte führten einen geselligen, gastfreundlichen Haushalt. Trotz äußerer Assimilation waren sie strenggläubige Juden, die auch bei ihren sieben Kindern auf Einhaltung der orthodoxen Bräuche achteten. Der Trauung ihres ältesten Sohnes, des später berühmten Kunsthistorikers >> Aby Warburg, der als erstes Familienmitglied eine Christin heiratete, blieben sie fern.

Moritz M. Warburg wurde Anfang 1863 Teilhaber der Bank M. M. Warburg & Co., die seine Mutter Sara seit dem

*In der klassizistischen Stadtvilla (rechts) lebten Moritz M. Warburg und seine Frau Charlotte seit 1864*

Moritz M. und Charlotte Warburg (Gemälde von Jan Veth)

Tod des Vaters Abraham S. Warburg im Jahr 1856 geleitet hatte; bereits 1859 war Siegmund in das Bankhaus eingetreten. Gemeinsam führten die Brüder die 1798 gegründete Bank in dritter Generation – ab 1868 in der Hamburger Ferdinandstraße 75, wo sie heute wieder ihren Hauptsitz hat. Sie profitierten vom ökonomischen Aufschwung Deutschlands nach der Reichsgründung 1871 und bauten das kleine Unternehmen zur maßgebenden Privatbank Hamburgs aus. Während Siegmund die Geschäfte leitete, repräsentierte Moritz, eher Dandy und Charmeur als ehrgeiziger Banker, das Unternehmen nach außen. Seine Ehe mit Charlotte Oppenheim eröffnete überdies neue Geschäftskontakte zu führenden Frankfurter Banken.

Als Siegmund 1889 im Alter von 54 Jahren unerwartet starb, machte Moritz frühzeitig seine Söhne zu Teilhabern und zog sich bereits 1895 ins Privatleben zurück. Sein Sohn Max M. Warburg, unterstützt von den jüngeren Brüdern Paul und Felix, gestaltete die Privatbank zu einem international agierenden Unternehmen um.

Moritz M. Warburg widmete sich philanthropischen Tätigkeiten – u.a. gründete er ein Waisenhaus und unterstützte das Israelitische Krankenhaus – und baute seinen Landsitz am Blankeneser Kösterberg aus, den nachfolgende Warburg-Generationen erweiterten. Noch immer existieren dort einige ihrer Villen; ein Teil des ausgedehnten Besitzes, der sog. „Römische Garten“, ist heute öffentlich zugänglich.

Am Mittelweg 17 lebte später der jüngste Sohn Fritz mit seiner Familie. Seit 1938 befand sich hier ein Sekretariat zur Unterstützung jüdischer Emigranten, bis das Haus 1941 von der NSDAP beschlagnahmt wurde. ■

# Siegfried WEDELLS

**Kaufmann, Kunstsammler, Mäzen**
(geb. 1848 – gest. 1919 wohl Hamburg)

**Hamburg-Rotherbaum, Siegfried-Wedells-Platz 2**

„Umrahmt von Gärten, friedlich abgeschieden vom Getriebe der Großstadt, liegt vor dem Dammtor das schöne Haus eines Hamburger Kunstsammlers […]“, hieß es seinerzeit in der Presse.

Längst inmitten der Innenstadt gelegen, ist es heute das letzte erhaltene Beispiel einer Reihe von Wohnhäusern, die Martin Haller hier für die Hamburger Oberschicht erbaut hatte – darunter viele wohlhabende Juden, zu denen auch Siegfried Wedells gehörte, der erfolgreich mit Luxusgütern handelte.

Das Haus und die großenteils noch erhaltene historistische Ausstattung entsprachen ganz dem großbürgerlichen Geschmack damaliger Zeit. Erstklassig war Wedells' umfangreiche Gemäldesammlung Alter Meister.

*Einer „der größten Stifter und Kunstmäzene, den die Hansestadt Hamburg je hatte“: Siegfried Wedells (undatiertes Gemälde von Antony Troncet, Hamburger Kunsthalle)*

Da er keine Kinder hatte, vermachte er seinen Besitz der Stadt Hamburg, mit dem Wunsch, seine Bilder hier als „Galerie Wedells“ öffentlich zugänglich zu machen. Jedoch nur von 1922 bis zur Schließung durch die Nationalsozialisten im Jahr 1933 war ein Teil der Gemälde zu sehen. 60 Werke der inzwischen zerstreuten Sammlung besitzt heute die Hamburger Kunsthalle, darunter die „Himmelfahrt Mariä“, eine Ölskizze von Rubens.

Bestattet ist Wedells auf dem Friedhof Ohlsdorf in einer von Walter Schmarje gestalteten Grabstätte mit der schönen Inschrift: „Aus mir fließt alles, kehrt zu mir zurück – so Tod wie Leben, Menschenleid und Glück.“ ■

*Ein Hamburger ‚Renaissance-Palast': Das 1895/96 von Martin Haller, dem Architekten des Hamburger Rathauses, für Siegfried Wedells und seine Frau erbaute Wohnhaus. Heute ist es Bestandteil eines modernen Verwaltungskomplexes*

**Hamburg-Alsterdorf**
Bebelallee 141
*(Walther Blohm)*
Brabandstraße 1–2
*(Hermann Höger)*

**Hamburg-Altona**
Palmaille 49
*(Georg Friedrich Baur)*
Palmaille 100
*(Detlev Freiherr von Liliencron)*
Palmaille 116
*(Christian Frederik Hansen)*

**Hamburg-Bergedorf**
Alte Holstenstraße 79
*(Johann Adolf Hasse)*
Chrysanderstraße 88a/88b
*(Friedrich Chrysander)*
Reinbeker Weg 56
*(Justus Brinckmann)*

**Hamburg-Blankenese**
Am Pumpenkamp 4
*(Marion Gräfin Dönhoff)*
Grotiusweg 77–79
*(Axel Cäsar Springer)*
Mühlenberger Weg 1
*(Rolf Liebermann)*
Mühlenberger Weg 22
*(Horst Janssen)*
Richard-Dehmel-Straße 1
*(Ida und Richard Dehmel)*

**Hamburg-Eimsbüttel**
Heußweg 18
*(Henry Vahl)*

**Hamburg-Eppendorf**
Gustav-Leo-Straße 4
*(Ivo Hauptmann)*
Heilwigstraße 25
*(Hans Bürger-Prinz)*
Heilwigstraße 114
*(Aby Warburg)*
Tarpenbekstraße 66
*(Ernst Thälmann)*
Tarpenbekstraße 82
*(Wolfgang Borchert)*

**Hamburg-Finkenwerder**
Neßdeich 6
*(Gorch Fock)*

**Hamburg-Harvestehude**
Hansastraße 20
*(Hans Erich Nossack)*
Mittelweg 17
*(Moritz M. Warburg)*
Nonnenstieg 26
*(Evelyn Hamann)*
Oberstraße 83
*(Gustav Seitz)*
Oberstraße 125
*(Gustaf Gründgens)*

**Hamburg-Langenhorn**
Langenhorner Chaussee 109
*(Fritz Höger)*

**Hamburg-Neustadt**
Bäckerbreitergang 7
*(Bertha Keyser)*
Neuer Wall 86
*(Georg Heinrich Freiherr von Schlitz, gen. von Görtz)*

**Hamburg-Nienstedten**
Elbchaussee 499
*(Johan Cesar IV. Godeffroy)*
Elbchaussee 499a
*(Hans Henny Jahnn)*
Langelohstraße 8
*(Heidi Kabel)*

**Hamburg-Övelgönne**
Haus Nr. 50
*(Peter Rühmkorf)*

**Hamburg-Osdorf**
Dörpfeldstraße 39
*(Kurt Sieveking)*

**Hamburg-Othmarschen**
Baron-Voght-Straße 50
*(Martin Johann Jenisch d.J.)*
Baron-Voght-Straße 63
*(Caspar Reichsfreiherr von Voght)*
Dürerstraße 9
*(Hubert Fichte)*
Elbchaussee 245
*(Cäsar Pinnau)*
Parkstraße 51
*(Philipp F. Reemtsma)*

**Hamburg-Ottensen**
Elbchaussee 31
*(Salomon Heine)*

**Hamburg-Reitbrook**
Vorderdeich 9
*(Alfred Lichtwark)*

**Hamburg-Rotherbaum**
Bundesstraße 10
*(Gustav Mahler)*
Feldbrunnenstraße 5
*(Albert Ballin)*
Hallerstraße 74
*(Ida Ehre)*
Heimhuder Straße 37
*(Ernst Rowohlt)*
Johnsallee 63
*(Will Quadflieg)*
Siegfried-Wedells-Platz 2
*(Siegfried Wedells)*

**Hamburg-St. Georg**
An der Alster 39
*(Fritz Schumacher)*
An der Alster 65
*(Max Brauer)*

# ORTSREGISTER



# KLEINE AUSWAHL ZERSTÖRTER ADRESSEN

**Johannes Brahms**, Komponist (1833 Hamburg – 1897 Wien)
Hamburg-Neustadt, Specksgang 24 (heute Speckstraße im Gängeviertel, sein Geburtshaus)

**Paul Dessau**, Komponist (1894 Hamburg – 1979 Königs Wusterhausen bei Berlin)
Hamburg-St. Pauli, Hohler Weg 21 (sein Geburtshaus)

**Charlotte Embden**, Schwester von Heinrich Heine (um 1800 Düsseldorf – 1898 Hamburg) Hamburg-Neustadt, Esplanade 39

**Carl Hagenbeck**, Tierhändler, Tierparkgründer (1844 Hamburg – 1913 Stellingen/heute zu Hamburg)
Hamburg-St. Pauli, Lincolnstraße 33 (damals Große Petersenstraße 16, sein Geburtshaus)

**Heinrich Heine**, Dichter (1797 Düsseldorf – 1856 Paris)
Hamburg-Neustadt, Esplanade 19 und Neuer Wall 28 (Wohnung seiner Mutter, bei der Heine 1830 lebte)

**Heinrich Hertz**, Physiker (1857 Hamburg – 1894 Bonn)
Hamburg-Neustadt, Poststraße 20 (sein Elternhaus, Gedenktafel am Nachfolgebau)

**Friedrich Gottlieb Klopstock**, Dichter (1727 Quedlinburg – 1803 Hamburg)
Hamburg-Neustadt, Poststraße 36 (damals Königstraße 50)

**Gotthold Ephraim Lessing**, Dichter (1729 Kamenz – 1781 Braunschweig)
Hamburg-Altstadt, Holländischer Brook (heute Speicherstadt)

**Felix Mendelssohn Bartholdy**, Komponist (1809 Hamburg – 1847 Leipzig)
Hamburg-Neustadt, Michaelisstraße 14 (sein Geburtshaus)

**Karl Schneider**, Architekt (1892 Mainz – 1945 Chicago)
Hamburg-Bahrenfeld, Grünewaldstraße 11

**Arthur Schopenhauer**, Philosoph (1788 Danzig – 1860 Frankfurt/Main)
Hamburg-Altstadt, Neuer Wandrahm 92 und Hamburg-Neustadt, Kohlhöfen 87 (heute dort Nachfolgebau Nr. 29; seine Elternhäuser)

# LITERATUR

**Bergedorfer Personenlexikon,** *hrsg. von Olaf Matthes und Bardo Metzger, Hamburg 2003*

*Georg Dehio:* **Handbuch der Deutschen Kunstdenkmäler – Hamburg/Schleswig-Holstein,** *München/Berlin (2. Aufl.) 2008*

*Svante Domizlaff/ Michael Pasdzior:* **Menschen und ihre Häuser vor dem Dammtor. Eine Adresse in Hamburg,** *Hamburg 2001*

**Deutsche Biographische Enzyklopädie (DBE),** *hrsg. von Walter Killy, München u.a. 1995–99 (10 Bde.)*

**Hamburg Lexikon,** *hrsg. von Franklin Kopitzsch und Daniel Tilgner, Hamburg 2010*

**Hamburgische Biografie – Personenlexikon,** *hrsg. von Franklin Kopitzsch und Dirk Brietzke, Hamburg 2001 ff (5 Bde.)*

*Eckhart Klessmann:* **Geschichte der Stadt Hamburg,** *Hamburg 2002*

*Michael Koglin:* **Spaziergänge durch das jüdische Hamburg,** *Hamburg 1998*

*Ralf Lange:* **Architekturführer Hamburg,** *Stuttgart 1995*

*Kai-Uwe Scholz:* **Literarisches Hamburg,** *Berlin 2002*

*Kay Weniger:* **Das große Personenlexikon des Films,** *Berlin 2001 (6 Bde.)*

# BILDNACHWEIS

Alle Abbildungen der Wohnhäuser stammen von Christiane Kruse.

Die Porträts der abgebildeten Persönlichkeiten stammen aus den Archiven von Christiane Kruse und des Verlagshauses Würzburg mit Ausnahme der unten aufgeführten:

S. 5 oben: Matthias Krüttgen/fotolia.com; S. 5 unten: Thomas Lammayer/fotolia.com; S. 35: Abraham Pisarek/Deutsche Fotothek; S. 36 oben: Ruddies/picture-alliance/dpa; S. 45 oben: Victor Radnicky/picture-alliance/Artcolor; S. 49 oben: Dieter Klar/picture-alliance/dpa; S. 71 oben: Zander/picture-alliance/dpa; S. 72 oben: ottoerich/wikipedia; S. 79 oben: Schaffrath/picture-alliance/dpa; S. 85 oben: picture-alliance.

# IMPRESSUM

**Buchgestaltung:**
SILBERWALD –
Agentur für visuelle Kommunikation, Würzburg
www.silberwald.biz

**Karte:**
Fischer Kartografie, Aichach

**Repro:**
SILBERWALD –
Agentur für visuelle Kommunikation, Würzburg

**Druck/Verarbeitung:**
Werbedruck Schreckhase, Spangenberg



ISBN 978-3-8003-1996-1

# WEITERE TITEL DIESER REIHE

**Wer lebte wo in Dresden**
ISBN 978-3-8003-1689-2

**Wer lebte wo in Leipzig**
ISBN 978-3-8003-1991-6

**Wer lebte wo in München**
ISBN 978-3-8003-1671-7

**Wer lebte wo in Weimar**
ISBN 978-3-8003-1991-6

Unser gesamtes Programm finden Sie unter:
www.verlagshaus.com

*Meinem Lehrer Dr. Fritz Jacobs gewidmet*